August Guido Holstein
Sokrates im Wald

August Guido Holstein

Sokrates im Wald
oder das Zwischenleben

Roman

Originalausgabe 2019

Information zum Autor:
www.lyrik-prosa.ch
www. prolyrica.ch

Gestaltung:
Res Perrot

© 2019 Holstein August Guido
Herstellung und Verlag:
BoD - Books on Demand, Norderstedt

ISBN 978-3-7494-4482-3

*Nach der Neuunterbringung des Hundes und der
Hausräumung wurde beim Nachprüfen und Sortieren des
vorgefundenen Haus-Rates dieses Manuskript entdeckt.
Schwierig zu wissen, wer der Verfasser ist, dieser K
oder der Altlehrer oder beide. Möglich, dass der Altlehrer
Notizen des K verwendete, ohne sie anzugleichen.
Ein Rätsel, dass die Texte nicht in der Wohnung des
Altlehrers gefunden wurden, sondern später bei K.
Es ist offensichtlich, dass einige Kapitel von K verfasst
wurden; anderseits liest man im Roman, dass der
Altlehrer einen Roman verfasste, eben mit dem Titel
«Sokrates im Wald oder das Zwischenleben».*

*Beinahe bei jeder Nummer kommen ausser den
beiden möglichen Verfassern andere Personen ins Spiel
und Namen, ungewohnte für unsere Landesgegend,
ebenso die Namen der Orte. Sie wurden wohl aus
einer Sprach- und Formulierungslust heraus, eventuell
auch für eine Distanzierung und Verfremdung,
so gewählt.*

*Der oder die Schreibenden lieben offensichtlich die
Gesellschaft. Es scheint jedoch, dass das allzu Intime
nicht erwünscht war, besonders das Schicksalsträchtige,
dass dem aus dem Weg gegangen wurde. Daher auch
der Titel «Sokrates im Wald oder das Zwischenleben».
Ein Nähe zur Natur und zu den Tieren, vermischt
mit Lebensphilosophie, Altersweisheit sowie Kauzigem,
mit der Liebhaberei zu Schrulligem, Amüsement.*

Es wird beschrieben, gezeigt, was als Erscheinung
aufglimmt, Phänomene und Charakter. Eine Scheu ist
feststellbar, tiefer in den Lebensstrom einzugreifen,
obwohl die Texte manche Tiefe aufweisen und alles andere
als oberflächlich sind. Dazu gehört, dass die Frauen
quasi als Schicksalsträgerinnen meist lediglich am Rand
erscheinen, als eine Art fremder Gegenpol, doch
handelt es sich nicht um ein Männerbuch. Eine andere
Titelinterpretation wäre, das «Zwischenleben» als
eine Zeit nach der Pensionierung anzusetzen, daher
handelt es sich eindeutig um einen Alterstext.
Erwerbsleben und Familie fallen grösstenteils weg,
es bleibt das Kuriosum Leben.

Anstatt eine Hausfrau, die Tiere und Pflanzen stark in
der Optik. Ohne ein Bemühen für Unterhalt, ein Leben
in Augenblicken. Nicht dass da eine Häme wäre, zum
Beispiel den Frauen gegenüber. Nachdenken, Lächeln,
ironisch allem gegenüber. Vieles scheint aus dem Leben
gegriffen, anderes vielleicht erfunden. Margeriten und Phan-
tasieblumen im kuriosen Romangarten mit immer neuen
Pflanzensorten und K als Beobachter von all dem. Anlässe
für «passe temps», Kapitel für Kapitel im kleinen Format,
Tagesportionen. Die verbleibende Zeit ausfüllen, typisch für
einen Lebensabend, ein starkes Moment des Betrachtens.

War K verheiratet? Eine grosse Abwesende – seine
ehemalige Frau – oder war er nicht verheiratet? Gewisse
Erinnerungen nicht notiert – noch nicht und dann nie.
Hatte jedoch eine Tochter im fernen Schongau. Seltsam,
bei der Räumung von K's Wohnung fand man
keine Bonsais.

Keine Eiche, aber eine Zeder

Im Schirmständer standen die Spazierstöcke aneinander gelehnt; er wählte einen aus für seine Nachmittagswanderung. Die Auswahl war schwierig. Den schwarzen mit dem Silberknauf, einem Junglöwen, oder der weisse mit dem alten Eisenring? Der kam nicht in Frage, er war ja nicht blind, hatte ihn einmal geschenkt bekommen. Vielleicht den Rosenholzstock mit den vielen Astansätzen? Er ergriff ihn: Die Zeit bringt Rosen! Die beiden Katzentiere, der Jaguar und Moritz, strichen ihm um die Beine und hüpften manchmal, als übten sie Hochsprünge. Daneben liessen sie ihr Miau hören. Hatten doch schon gegessen, hatten aber nie genug. Er wollte keine Rollmöpse als Katzen. Es waren grössere Kater, in einer Mischrasse, beide mit langen Angorahaaren im Beigebraun. Das Katzengesicht getigert, beide verschieden, mit Schwarz und Weiss, zwei kleine Löwen, noch sehr verspielt. Er hatte vorgängig mit einem Leuchtstift einen Text studiert und gewisse Stellen markiert, hatte jedoch die Blätter aufrecht halten müssen, weil die beiden Gesellen ihm sofort auf die Blätter sassen, wenn immer möglich. Seinen Leuchtstift musste er darauf auf dem Boden suchen, da das Tiger-Tierreich unten mit ihm Pfotenfussball spielte. Aber vergessen wir nicht den Haushund, der schon längst bereit für den Ausgang ausharrte, die Leine angezogen, ungeduldig daran ziehend, die Beine gestreckt, die Nase in der Zukunft, selbstbewusst wie Napoleon. Er verabschiedete sich von seinen Katzen-Hausherren. Die blieben etwas verdutzt-fragend beim Gartenhag stehen und hoben ihre Schwänze.

Ein paar Schritte und Vorwärtsbewegungen mit dem Rosenstock, da überfiel ihn die Mira Guck, eine entfernte Cousine von ihm in der Nachbarschaft, mit ihren langen

Ausführungen, weil gestern die Strassenputzmaschine nicht mit ihrem Rattern erschienen und es im Quartier still geblieben war. Er sollte doch noch den Gehsteig vor dem Haus heute reinigen, der neue Besen stehe unten, der mit dem langen Strauchgezweig. Da er aber nicht mehr gut hörte im einen Ohr, wechselte er die Seite, worauf sie wieder ebenfalls die Seite wechselte, und er überhörte dadurch den Wischauftrag. Er hob nun die Hand grüssend an seine Stirne und bemerkte, dass er vergessen hatte, seinen schwarzen Hut über die Glatze zu stülpen; er würde demnach seinen Bekannten mit einem Lächeln zunicken müssen, was für Kurzsichtige problematisch erschien, zu wenig deutlich markierend, und er musste nun damit rechnen, dass man ihn als unhöflich taxierte.

Nun lief er durch die Strasse vorwärts, wankte vielmehr, weil ihm schon viele Jahre auf dem Buckel hockten, strich mit seiner freien Hand über die Gräser und Blumen, die sich aus den Schrebergärten drängten, so wie ein kleines Kind. Er erinnerte sich daran, damals, vor vielen Jahren … Da stand die Rosalie Sitzplatz an der Strassenecke, als wär sie eine Verkehrsampel, leuchtete natürlich rot und wollte wissen, wie es seiner Gattin ergehe. Er nahm etwas Abstand von ihr, weil er zu Mittag Kohl gegessen hatte, was sie mit einem schrägen Augenwisch quittierte. Nun meldete er – nennen wir ihn Herrn K – er sei nicht mehr verheiratet und es habe ihm niemand mehr zu befehlen. Seiner quasi Haushälterin gehe es soweit gut, nur die linke Zehe tue ihr weh. Darauf die Melodie «Oh je, die Arme!» Und damit schwappte es in ihrem weit offenen Busen, als müsste sie dazwischen etwas verbergen, vielleicht ihre Seele, die mehr Luft atmen wollte. Herr K war froh, dass er keine Frau war, die Teile ihrer Körperkontinente glaubten, entblössen zu müssen, wohl für die männlichen Insekten darum herum, was sie aber nicht wissen, da ihnen die Natur dies stillschweigend diktiert. Die frieren deswegen doch des öftern, ein Grund, dass manche letztlich umarmt sein wollte, was sich jedoch nur selten ereignen konnte wegen den Konventionen und Abständen, Widerständen und Befürchtungen. K drehte sich um, nickte dreimal mit seinem Glatzkopf und seinem Narzissenlächeln und schwankte weiter, immer noch ohne Alkohol. Aber er glaubte, von ihr gehört zu haben, sie habe so etwas gerufen wie «Verstecken Sie sich im Spiegel!» Hatte sie solches gerufen, wirklich? Das entstammte doch seinen Phantasieanfällen, und er hörte ja nicht mehr gut. War ihr sein Haarbüschel hinter der Glatze zu wirr abstehend erschienen? Den konnte er doch im Spiegel nicht sehen, es sei denn, er ergriff einen zweiten.

Sie trotteten weiter, bis das Handy von K knarrte und Laute stammelte. Man hatte es ihm aufgezwungen, zu seiner und der andern Sicherheit. Aber er kam sich seither wie an einer Leine vor, ähnlich seines Hundes Zuzu oder wie in der Kindheit. Dauernd war man überwacht durch dieses schnurlose Schnattertelefon. Natürlich war es seine quasi Haushälterin, die Frieda von Fritschi. Die mit dem Haar-Riebel.

Sie war eigentlich bei ihm neu, die Carolina von Katzeck war gegangen, weil sie die Katzenherren nicht mochte. Die Frieda wollte wissen, ob er für das Nachtessen rote oder gelbe Rüben wolle, süsse oder saure Kartoffeln. Sie solle selber auswählen. Er wolle ein gutes Nachtessen. Dann Thunfisch? – Nein nein, esse keine Fische, die sollen im Wasser schwänzeln dürfen. Die Menschen sind Bestien, stets fressbegierig gegenüber den armen Tieren, deren Wesen sie nicht anerkennen können in ihrer Selbstbeschränktheit und Selbstüberheblichkeit. K verharrte noch einige Zeit *sur place* und sein Wauwu machte Gassi, netzte den Asphalt, ihn verdunkelnd mit tachistischen Girlanden.

Da kam Herr Grisi ihm entgegen mit seinem Wuki. Die beiden Wau schnupperten bereits in ihrer Dimension, auf welche die Menschheit grösstenteils verzichten muss. Es handelte sich um einen weissen Pudel und K's Wau war ein dunkler Terrier mit einem noch dunkleren Schnauzbart. «Sind Sie schon aufgestanden, Herr Grisi?» fragte K mit forscher, beinahe polizeilicher Stimme. «Ja, die Müllabfuhr hat mich geweckt, richtig aufgeschreckt mit ihrem Gerassel und Gepängel.» K erwiderte fragend: «Aber Sie sind doch nicht furchtsam? Sie sagten mir, Sie läsen bis spät in die Nacht Krimis, diese Stories mit den wohlpräparierten und erhaltenen Leichen, haha!» – «Die sind zum einschlafen.» – «Ja, der Bär im Zoo hat sein Bärenjunges gekillt, schrecklich-traurig! Hab Erbarmen mit den Opfern, und kein Krimi macht sie lebendig», sagte K trotzig. Winkewinke. Weitertraben.

K gedachte seines Hobbies, des Bonsai-Waldes in seiner Stube. Nun liefen sie, Herr und Hund, am Haus vorbei mit den Palmen. Die waren auf die Garagewand gemalt und davor standen Apfelbäume. Von weitem glaubte man, es seien Palmen. In seinem Bonsai-Wald fehlte ihm eine Eiche, und zwar rechts bei der Tischkante. Eine solche wollte er im Gartenzentrum kaufen, falls dort eine Eiche vorhanden war, ansonsten verursachte dies eine weitere Exkursion ins *Shopiland* mit dem noch grössern Gartenzentrum. Zedern hatte er schon genug; es musste eine Eiche sein.

K betastete, beaugapfelte die Welt, die an ihm vorbei glitt. Ein ozeanblauer Himmel mit etwas Dunst. Er hatte schon versucht, die Welt zu sehen, wie der Maler Van Gogh sie für seine Malerei erblickt hatte, jedoch war die seine nicht derart am Rotieren, glücklicherweise, ja manche sich windende Kletterpflanze, aber der Himmel verblieb ihm stets banal-schön, selbst bei wildestem Wolkengeflatter. Und sein Wau Zuzu erhob erneut das Bein. bei einer sonnenwarmen Mauer. Ja, im Ohr verhielt sich dies manchmal anders mit den Geräuschen oder bei den sekundenlichtzischenden Feuerwerken, den Farbfeuerblitzen in der Leere eines dunklen Nachthimmels. Doch diese Nachmittagsrunde bot keine solche Besonderheiten, wenn man von den Menschenoriginalen absah, die ihm auf dem Wege aufwarteten, vielleicht sogar auflauerten. Würde er seine Eiche finden? Auch hatte er sich einmal die Frage gestellt, ob er eine Kugelbahn, eine derartige Spielzeugbaute, in seinem Wald in einer Moos-Lichtung aufstellen wollte. Diese Kugeln, gleiten und rollen durch ihre Beschwernis durch alle Bahnwindungen so prompt hinunter, so schnell. K hoffte, noch ein paar Jahre zu leben.

Bei der Schulanlage stand Juri Janusch, der Weltoffene, mit seinem kleinen Pinscha. Klein der Hund, um die Welt nicht noch mehr zu belasten, hielt noch das rote Säcklein in seiner Hand mit dem Depot seines Minigefährten, um es in den dafür aufgestellten Behälter zu werfen. Ein grosser, hagerer Mann mit einem kleinen Kopf, der K ziemlich sympathisch war, weil er recht hatte mit seinen ökologischen Predigten. «Mein Lieber, wir erleben den Weltuntergang nicht mehr; es wird doch noch längere Zeit verstreichen, bis unser Planet von der sogenannten Wirtschaft und den immer zahlreicheren Menschenhorden abgeschabt sein wird und letztlich nur noch die Vulkane das Sagen haben.» – «Mann, du täuschest dich, die Vorgänge mit ihren Abläufen potenzieren sich; du musst rechnen können.» – «Kann ich nicht, war noch nie gut im Rechnen», antwortete K. «Aber du weisst nicht, ob du das im nächsten Leben erleidest.» – «Bin kein Esoteriker.» – «Ich auch nicht, aber man muss auch mit solchem rechnen.» – «Kaufe mir einen Eichen-Bonsai.» – «Siehst du, immer dieses Haben-Wollen.»

Ringelreihen der beiden Hunde an der Leine, fern der menschlichen Sitten. «Er mag ihn, meinen Zuzu-Wau. Mag dich auch gut riechen und hast letztlich immer recht. Aber was wollen» mir alten Männer schon ausrichten?» – «Jetzt hast du auch recht, man nimmt uns kaum wahr, geschweige denn unsere Meinung. Warum besorgt uns die Mutter Erde für all die Übelstände nicht mehr Bewusstsein?» – «Wird vielleicht noch Anlass dazu geben.» Nun belehrte K, die Erde sei eben voller Spannungsfelder, um uns anzutreiben, damit wir nicht einfach auf dem faulen Hintern sässen und unsere Bananen verspeisten. Er liebe zwar von Jahr zu Jahr immer mehr sein rotes Sofa. «Aber unsere Unruhe ist oft zerstörerisch, für uns und die Welt. Wir …» Unterbrochen das Gespräch, denn die Schule war aus; die Jugend strömte aus der Lernpforte und suchte sogleich das Spielerische. Lärm! Die beiden konnten sich wegen ihren Hörproblemen nicht mehr verständigen und schritten grüssend auseinander, ohne ihre Köpfe noch zu drehen, aber die beiden Hunde suchten den Blickkontakt, wie sich zu entschuldigen, ja, die Menschen, so unberechenbar, und trotzdem folgten sie hüpfend-springend ihrem Herrn.

Nach einigen Gartenidyllen und wohlgefälligen Wohnhäusern mit Baumbestand, welcher der Seele gut tat, näherte sich K dem Industriequartier mit dem Gartenzentrum. Die Fahrstrasse verbreiterte sich, links und rechts ein Velo- und Fussgängerweg, uniforme Rasenflächen, Reklametafeln, Kreisel. Nicht die Natur herrschte hier, sondern die menschliche Geometrie, und geradeaus ist immer am billigsten. Eine Seelenödnis, die Wüste würde wohl poetischer sein. Eingang in die Pseudowelt, obwohl die Rüben-, Karottensetzlinge, Salate und der Blumenkohl real darin existierten und Natur waren, allerdings mit einigen Industriezutaten womöglich.

K fühlte sich nicht wohl in dieser Welt, jedoch er wollte eine Bonsai-Eiche kaufen und hatte dafür eine grosse, grüne Tuchtasche mitgenommen. Beim weiten Glaseingang mit den Flügeltüren, die sich wie ein Gewölk verschoben und sich öffneten, begegnete er der Frau Zwiefah mit ihren Zwillingen aus seinem Quartier. Sie stiess ihren grossen Doppelkinderwagen energisch vorwärts mit der Vanissa und Fanny, wie er sich zu erinnern glaubte, angetan mit grasgrünen Kappen, und es sah von weitem aus, als hätte sie zwei Salatköpfe in ihrem Gefährt platziert. K versuchte es mit seinem Fernlächeln, schritt aus, so gut er es mit seinem Wau-Zuzu konnte. Neinnein, nicht jetzt das Bein heben! Ein unsicherer, unverständig-ängstlicher Gegenblick des Wau.

Nun die riesigen Gestelle, hin und her und darum herum. Blumenkisten, Gesträuch, Zementplatten, Pfähle, Giesskannen, Rasenmäher, Gartenscheren, Baumsägen, Düngemittel … Weiter ins Labyrinth. Ein seltsamer Geruch in der Luft. Zuzu hob seien Charakter-Knebelbart und witterte ungläubig, schnellte dann damit nach rückwärts zu seinem Schwanz, wo er vermutlich eine Hundefloh erwischte. Vorwärts, mein Lieber! Der Boden nun nass vom Begiessen. Hinten in der Halle ein blauweisser Ara, für den sich sein Wau immer interessierte. Zuzu, wir kaufen keinen Ara, lässt zu viel Gekreisch ab mit missmutig-verachtenden Tönen, ist eine Nervensäge. Wir kaufen einen Eichen-Bonsai, bei dem du leider dein Bein nicht heben wirst können, denn er steht ja dann bei uns auf dem Stubentisch.

Endlich, in grossen Metallbehältern die Bonsai-Pracht mit dem Gezweige-Ballett und den niedlichen Blättern – nein! Wo fand er hier seine Eiche? Platanen, nein. Mini-Lebensbäume nein. Ein Zwergginkgo nein. Und natürlich immer die teuersten, die Zedern aus dem Nichtlibanon. Hm! – Die Ratlosigkeit. Seiner Erwartung und Freude ging die Luft aus. Ausschau über die Waldkronen. Aber dort, die Zeder, dort! ein Prachtsexemplar, wunderschön! Es schien, als breite sie für ihn ihre Äste-Arme aus mit grosser Zärtlichkeit. K bestrich seine Glatze. Zuzu-Wau schaute ergriffen zu seinem Herrn mit seinem Hundeseele-Sehnsuchtsblick. Diese Entsprechungen der kleinen Äste, die feinen Nadelbüschel, wie silbrig, ein kecker Wipfel. So etwas wie Liebe auf den ersten Blick und Verzauberung. So schön! Unten Minifelsgestein zwischen Moospolstern und leicht gewölbt darüber ein paar Wurzelworte.

Man half ihm bei der Kasse beim Einpacken und Umhüllen. Auch eine Kunst für sich. Als K bezahlt und den Baum in seine grosse Tuchtasche vorsichtig versenkt hatte, bellte sein Wauwau kräftig und wedelte mit dem Schwanz. Der Freudefunke beim Kauf und Erwerb war wohl auf ihn übergesprungen. Er war aber vielleicht eher froh, dass sein Patron wieder losmarschierte. Doch der Hund täuschte sich. K kurvte nun mit Hund und Baum und Stock ins nahe Bistro, trotz allem, wenn er sich hier auch nicht wohl fühlte, doch lag es neben der Gartenhalle, was ihm erträglich schien. Kaffee! Zuzu warf sich, enttäuscht und der Situation gemäss, sogleich unter den Tisch, als wäre dort eine fremde Katze oder eine Maus. Die mussten immer sogleich wieder schlafen, die Hunde und waren gleichzeitig auf der Lauer vor Unerwartetem. Zuzu, nur einen Kaffee lang. Geschlürf. Die Wärme geniessen. Wollte doch eine Eiche kaufen, aber … Die Shop-Zentren voller Warenbeigen haben nie das, was man eigentlich will.

Vor dem Bonsai-Tisch

Dann stand K vor seinem grossen Stubentisch mit seinem Wald, packte die grüne Tasche und stellte die neue Zeder in die Lücke beim rechten Rand. Der Wald stand da, um gesehen zu werden, quasi aus der Vogel-Perspektive, hier des Menschen. Schade, dass darin keine Vögel hausten, flatterten und pfiffen. K hatte es früher mit einem Tonband mit Vogelstimmen versucht, dann die *chose* wieder abmontiert, da ihn das Lautsprechergezwitscher nicht überzeugt hatte. Stand also da, vor seinem Wald und schaute und betrachtete mit seinen Waldandachtsblicken. Wenn sie sich mit ihren Ästen leicht bewegt hätten, seine Bäume! Leider fehlte auch der Wind. Aber im richtigen Wald glaubte er, die Schönheit nicht in der hohen Potenz zu finden, verharrte also längere Zeit vor seinem Tisch.

K kratzte sich nach alter Gewohnheit im Haar, das er jedoch auf seiner Altersglatze nicht mehr vorfand. So lange hatte er natürliche blonde Haare präsentieren können, vermutlich, weil er sich immer wieder auf seiner Höhe tüchtig und energisch gekratzt hatte. Dann hatte er sie doch verloren. Für einen König im Frühmittelalter hätte dies geheissen, es wäre nun Zeit abzudanken und ins Kloster beten zu gehen, denn ein König ohne Haare, lange Haare, war damals kein König mehr. Doch war er weder Klosterbruder noch Einsiedler. Und nun, er konnte es nicht lassen, ergriff er das Scherchen und schnippte da und dort ein Zweigbüschelchen ab nach seiner Ästhetik der Baumzweige, gab darauf noch ein paar Tropfen Wasser. Coiffeur war er nicht gewesen.

Wandte sich um, kehrte sich wieder und ordnete beim einen Baum einen Ministeinblock in eine neue Richtung und strich mit dem Zeigefinger über das Moos. Nun irgendein

Rauschen; es war von draussen. Ah, die Putzmaschine, und er würde nicht wischen. Ein Alterskollege, dem er seinen Stubentischwald einst gezeigt hatte, meinte, es fehle hier die grosse Stereoanlage, um die «Götterdämmerung» oder den «Parzival» von Richard Wagner im Wald rauschen zu lassen. Er hatte geantwortet, er liebe eher die Pariser Handorgel. Und Debussy? – Die *Büsis* seien im Garten. Seine zwei Löwenkatzen dürften ja nicht in den Wald, würden mit dem Schwanz noch Ästchen knicken oder gar einen Baum umwerfen, besonders, wenn sie ihn plötzlich wie eine Peitsche benützten. Ja, einen Hirsch, von den Auswahl-Testfiguren der Psychiater, hätte er vielleicht noch hineinstellen können, in seinen Wald. Aber das mit dem Wagner – K spielte gern den Naiven. Er hatte den «Ring» von Richard Wagner schon drei Mal erlebt. Ja, der hatte ihn vielleicht sogar für seinen Tischwald inspiriert, all die Bonsai-Bäume bei sich zu versammeln. Er wusste dies nicht mehr so genau. Jedoch er wusste, dass Wagner und Bonsai nicht zusammen passten.

Nun setzte er sich in den lindengrünen Fauteuil beim Fenster, aber noch in der Nähe des Tisches, ins Lichtfenster für den Wald und las ein Kapitel einer Abhandlung in einem Sammelband «Der Wald in den Schriften von August Guido Holstein, verglichen mit Adalbert Stifter». Doch übrigens, *der Wald* war nur eines seiner Lebensthemen; er servierte sich noch andere. Der Wald war immerhin Natur in Potenz; wie er aber glaubte, war sie bei ihm auf dem Stubentisch noch etwas höher.

K sog viele Fernsehsendungen über die Natur in sich hinein. Er erinnerte sich der letzten: Ein Wald quasi im Wasser mit vielen Stelzwurzeln, ohne richtige Stämme, wohl ein Mangrovenwald, etwas wirr, zerzaust, ungeordnet und ohne seine Liebe: das Gezweige-Ballett. Ein junger Fotograf auf einer Art kleiner Insel mit Kamera und in nächster Nähe ein grosses Krokodil, das hungrig seinen Rachen aufsperrte und alle Reisszähne zeigte, die er ablichtete, auch das geheimnis-voll-bösartige Auge, die Schnauze als wär's der etwas dicke Giftstachel eines Insekts, das alles ganz nahe, lebensgefährlich nahe. Andere kletterten auf für uns Menschen unmöglichen Felsen hinauf. Es handelte sich um eine Sendung über Tier-reporter. Bei der gleichen Schau ein Haifisch, der durch ein in den Fluten versunkenes Kirchenschiff schwamm und unter den Meeresspiegel geraten war bei einem Erdabbruch. Aber weiter im Buch wie ein besonderes, würziges Getränk. Ha! ein Apéro!

Dann erinnerte K sich, er müsste einen guten Einfall haben für den *Tag der offenen Gartentüre* in der nächsten Woche. Er war kein *Blüemeler*. Eine Waldbowle servieren? Er wusste jedoch nicht, wie das Getränk mixen und seine Haushälterin wohl auch nicht. Würde mit dem Staublappen in der Luft wedeln und sagen: «Ideen hat der Mann!» Und wenn sie dann mit dem Staubsauger kam, nahm er Reissaus wie seine beiden Katzentiere, erbost miauend. Wo waren sie? Wenn die doch nicht schon wieder einen Vogel im Garten killten und die Federn zerstreuten, die er dann zusammenle-sen musste, widerwillig. Noch zwei Seiten des Kapitels «Der Wald bei Holstein und Stifter». Nicht nur die Augen sollten gut im Betrieb bleiben, ebenso seine Gehirnzellen.

Im Stadtpark

K auf einer Bank beim Stadtteich, Zuzu darunter, die Tauben beäugend wie ein Kriminalkommissar. Langsam strich die Zeit an diesem Nachmittag über den Stadtpark. So schien es ihm. Der Mann litt manchmal, besonders in seinem fortgeschrittenen Alter unter den *Zeitanhaltern*, denen es spöttisch-neckisch beliebte, für einiges von Dauer, die Zeit zu verlangsamen. Die Uhren liefen gehorsam langsamer, aber niemand merkte dies. Diese *Zeitanhalter* waren der Meinung, ältere Leute müssten sich zeitig an die Ewigkeit gewöhnen ohne den Zeitfluss, nicht einmal einen verlangsamten, was K selbstverständlich nicht wissen konnte. Doch sein Wau Zuzu markierte jeweilen Anfang und Ende einer solchen Zeitdehnung mit einem Aufsperren seines Rachens für ein kräftiges Gähnen, das mit einem Schnapp abrupt endete. Sie war schon sehr komisch, diese Zeit, lief bald zu schnell, bald ganz gemächlich oder schien stehen zu bleiben, als habe sie die Schaufensterkrankheit von denen, die durch eine innere Lähmung stehen bleiben und dieses ungeliebte Phänomen dadurch tarnen, indem sie in ein Schaufenster blicken. Und unerwartet sprang die Zeit weiter wie eine bockige Ziege.

Liefen zwei Jungen vorbei, der eine seine schwarzen Haare hochgestülpt wie Haifischflossen. Der eine sagte zum andern, so dass es K hören konnte: «Der ist gegen den Strich gebürstet.» Das war wohl kein Kompliment. K glaubte, er sei damit gemeint gewesen. Darauf erschien am Stadthimmel eine dunkelgrau angemalte Wolke, mit weissem Schlagrahm an den Rändern verziert, ganz schaumig. Und in deren Mitte ein Lichtloch mit gleissender Helle. Offensichtlich eine Engelsschleuse. Es wurde ja Abend; die Dämmerung stand bereits vor den Landen. Da war für die Nacht der Bedarf an Engeln für die Welt – sie nennen sie Schutzengel, haben aber keinen Kontakt mit der Polizei – immer sehr gross. K versuchte in den Gedanken-Bahnen seines esoterischen Freundes zu wandeln. Die Welt erweiterte sich sogleich, ob realiter oder nicht; für die menschlichen Köpfe spielte dies in der Regel keine sehr gewichtige Rolle, ausser sie waren naturwissenschaftlich dressiert.

In den Blumenrabatten vor ihm die Frühlings-Applaudierer; die Tulpen klatschten rot und gelb, und klingklang kleine blaue Glöcklein läuteten den Frühling ein – eine Vorwegnahme des Irisblau, aber etwas wässrig, und ohne einen Glockenlaut trotz ihrer Vielzahl. Es fehlte in ihnen der Klöppel. Die Hummel, die vorbeisurrte, konnte wohl dieses Problem auch nicht lösen. Es gibt Pantomimen-Blumen, die reden lediglich mit Gesten, hier mit den kleinen Glockenformen, bimbim.

K hatte zu Beginn auf der Bank die Tageszeitung gelesen, im grünen Park, als Kontrast zum meist grau-tristen Inhalt. Zuzu-Wau hob nun unerwartet und plötzlich wächtermässig seinen Kopf und bellte zwei, drei Mal, hundegehorsam müsste man vermerken. K hatte es zu wenig beachtet: Eine ältere Frau war an ihnen vorbei geschlarpt mit Pantoffeln, einem Rocklampenschirm und Strickkittelgehänge und hatte mit einem Handwisch seine Zeitung von der Bank weggefegt und in ihren Plastiksack versenkt. Weiter humpelnd holte sie noch einiges der Tagespresse in ihr Gehege, auch im Abfallkübel mit der Hand rührend. K und Hund schauten einander an. Er grinste belustigt. Ein Ordnungsfaktor hatte die Parkfluren als wankendes Schiff durchfahren, nun mit einer Ladung alter Zeitungen. Es war eigentlich gut, dass die Tagesaktualität weg- und abgeräumt wurde; die Vergangenheit hat im Leben auch ihre Vorteile, und man kann in Ordnung nur an einem Tisch essen, bei dem das Geschirr des Vortages abgeräumt worden war. Vermutlich besass die Frau keinen

Fernseher oder brauchte Papier, um im Ofen anzuheizen. Der Frühling begrüsste ja einen stets mit einer gewissen Frische. So stand nun K auf, gefolgt von Zuzu, der sich schläfrig streckte, mit dem Schwanz wedelte und ihn anblickte, als wär' er eine Diwa. Beim Klang einer Fabrikfeierabendsirene starteten sie, begaben sich auf den Heimweg, K etwas geniert, denn er hatte an diesem Tag nichts gearbeitet. Aber er müsste noch seine Abendsuppe wärmen. Es stand alles bereit auf dem Küchentisch. Dass sie mir nicht noch den dürftigen Platz in der Küche mit Pflanzen verstellen. Nein, aber ich stell einen Käfig mit Papagei auf das Tropfbrett.

Katzen und Ahnen

So, ihr Löwenkatzen, Jaguar und Moritz, ich möchte wieder einmal in meinem Fotoalbum blättern und Rückblicke werfen in meine versunkene Zeit. Nein, ihr könnt nicht auf meiner Fotokollekte, gesammelt für die Zukunft, sitzen. Ah, ihr wollt mein Gesicht studieren und darin lesen. Wie ist es ihm heute zu Mute, dem Menschen? Neugierig seid ihr immer. Hat er im Gesicht schon wieder eine neue Falte? – Habt ihr nicht, ich weiss. Und stets gestreichelt wollt ihr sein. Lebt in einer gewissen Elektrizität, die wir Menschen nicht besitzen, da wir kein Fell haben, das unseren Körper umhüllt. Die Elektrizität funktioniert bei uns anderswo, wir sagen im Herzen, wissen jedoch nicht wo. Muss meinen Hebearmlift benützen für euer Katzenparterre, mit Hand und Armen. Miau! Ja, verstanden. Noch ein paar Striche über das Fell. Und Milch hat's noch im Teller in der Küche.

Fotos, die fehlen, früher einzeln herausgeklaubt für irgend einen Tageszweck und nun verschollen, ein schwarzes Fotoalbum-Nichts zwischen vier Halterecklein. Aber die meisten sind verblieben im Erinnerungsbuch – aber nicht mehr im Leben. Die Ahnen! Der Stammbaum reicht nicht weit zurück. Die Menschen in den ersten Ablichtungen von früher sehen alle ähnlich aus, sind nicht mehr ansprechbar, reden nicht mehr. Ja, mein Grossvater. Der schweigt auch. Wie bitte? – Meldet sich der Urgrossvater unbekannter Weise. War Bauer ziemlich sicher. Wer war früher nicht Bauer? Von woher? Pflügt schon so lange die Wolken und sät den Regen, damit wir ernten können. Spricht mit mir, was?, sagt: «Hast dir ein Leben mit vielen Bildern ausgesucht, du Bildersammler, Bildermaler.» – «Hab ja nicht gemalt» – «Sieh dein Fotoalbum». Ihr wandert durchs Leben, neulich mit eurem Fotokasten, und wollt Gewissheit, immer mehr und womöglich die Zeit anhalten und plumpst schlussendlich, ja schlussendlich, völlig ins Ungewisse, vielleicht mit einem Körnchen Ahnung der Zeitlosigkeit in einzelnen Augenblicken. Aber es gibt keine *Zeitanhalter*; sie rauscht in das Ewige wie ein Wasserfall. Ihr seid der Schwerkraft noch mehr unterworfen als der Zeit.» – «Danke für die Belehrung. Warst du Lehrer?!» «Ja, im Winter, wenn die Bauernarbeit ruhte wie die Natur; dafür musste ich nicht in den Wald, um Bäume zu fällen.» – «Interessant die früheren Zeiten, die heute bereits die früheren von den früheren sind.» In gestrichelten Linien am Nachthorizont oder Punkten noch einzelne Formgebungen zu erahnen, meist aber ohne das Gesicht der Menschen. «Hast in deinem Leben das Meer wohl nicht gesehen.» – «Nein, jetzt die Ewigkeit.» – «Kann man die sehen? – Ich war ein paar Mal dort, am Wasserhorizont, bei Genua und bei Le Havre; die Jungen reisen heute nach Florida, Bali, Jamaika, Honolulu ...» – «Unbekannt.» – «Kannst du denn in deinem Jenseits nicht herumreisen, auf unserem Planeten, wenn du doch hier bist?» – Weg ist der Urgrossvater.

Die Tante auf der nächsten Albumseite war in Jerusalem, war fromm und tüchtig. Hat sie ihren Jesus drüben nun gefunden? Wär' wirklich ein interessanter Mann. Und da der Wischu selig, der Wuwau-Hund meiner Jugend. Nein, ihr Katzen, Jaguar und Moritz, ihr könnt nicht auf's Album sitzen und schon gar nicht auf das Foto meines Wischu, der rannte in Pfeilgeschwindigkeit auf euch Katzen los. Da würde eure Katzenlöwen-Mähne nichts nützen. Also, basta, ihr werdet gestreichelt. Schnurr-schnurr! Wenn ihr wieder gegangen seid, liebe ja stets die Abwechslung, besuche ich meine Eltern im Album.

Das Arme Mädchen

Noch Brot holen vor Ladenschluss. Aber Mira vor der Tür, hebt ihre Arme, vermutlich Tragödie. Ja, sie sagt: «Das arme Mädchen ist gestorben.» – «Wie alt?» – «Siebenundachtzig ein Halb, beinahe achtundachtzig.» – «Ja wisse, das ist die Ewigkeitszahl. Hat also, das arme Mädchen, die Ewigkeit nicht ganz erreicht, muss noch auf einer Wolkenbank warten bis achtundachtzig.» – «Bist mir ein Kerl.» – «Eben. – Wie hiess schon wieder das ‹arme Mädchen›, hab' es einmal bei dir gesehen.» – «Das war die Nelly Grau. Noch letzte Woche war sie in unserem Frauenclub. Sie hatte an feine Drahtgestelle blendendweissen Tüllstoff angenäht. Dadurch sind Engelsflügel entstanden, die einige Frauen von uns angezogen haben.» – «Wie ein Rucksack?» – «So ungefähr. Sie haben damit getanzt zu einer Art esoterischer Musik, auch klassisch, mit Panflöte. War himmlisch. Und jetzt ist sie schon im Himmel.» – «Solche Vorkehrungen sind eben gefährlich», meinte K dazu.

Das arme Mädchen sei, erzählte sie nun hastig, im wohlhabenden Bereich eines Tierarztes aufgewachsen. Doch leider habe ihre Vater Aktien der Bahn gekauft, die Pleite gemacht habe, da ihr Ausbau zu teuer gekommen sei mit den Aufschüttungen quer durch die Täler und den Brücken. Die Familie habe alles verloren; ihr Haushalt sei vergantet worden, restlos damals, sogar mit den Betten. Und später hätten die Leute immer wieder geprahlt, wie billig sie damals zu kostbaren Objekten gelangt seien. Einen Rembrandt für sieben Franken. Ja vielleicht oder wahrscheinlich war es nur eine Kopie. Sie sei ein hübsches Mädchen gewesen und ein reicher Bursche habe sie heiraten wollen, was jedoch die Eltern verhindert hätten wegen der Konfession, die für sie dabei nicht stimmte.

Nach dem Schicksalsschlag seien die Eltern früh verstorben. Sie habe eine Servicelehre absolvieren können, aber ihre kleine Schwester sei nach Amerika spediert worden, weil man sie immer wieder allein auf der Strasse gefunden habe. Sie selber habe bei einer frommen Anwandlung in einen Schwesternorden eintreten wollen. Die Schwester Oberin habe sie umarmt. Dann sei sie von ihr auf die Post geschickt worden, um Briefmarken zu kaufen. Als sie zurück gelangt war, habe aber die Oberin nichts mehr von ihr wissen wollen. Sie gehe jetzt in den Himmel, wenn sie mitkommen wolle, müsse sie halt sterben. Sie spürte einen Schmerz im Herz und starb. Die Schwester Oberin nahm sie mit in den Himmel, so unterm Arm. Da jedoch der Klosterfrau die Himmelspforte nicht sogleich geöffnet wurde, habe sie diese fallen gelassen, und sie sei auf Erden wieder zum Leben erwacht, wohl nach einem Traumgeschehen. Sie habe darauf als Aushilfe vorübergehend auf der Post Briefmarken verkauft.

«So also war das graue Leben dieser Nelly Grau, wie du berichtest, werte Mira, doch waren die Briefmarken wenigstens farbig und nicht grau. Und dann, was, was tat sie in ihrem Schicksalstann?», fragte leicht ironisch-amüsiert Herr K. Und sie antwortete, eine Billardkugel in ihr Loch sich stürzend: «Sie wurde schliesslich Pfarrköchin in einem Bergnest, dieses arme Mädchen. Musste immer Holz hacken, weil ihr Pfarrer fror, und gleichzeitig warf er ihr vor, sie brauche viel zu viel Holz, er müsse so in der Kirche ein spezielles Holzopfer einfordern. Das hätten die Bergbauern wohl geliefert, aber nur immer sehr grünes abgeliefert. Die Nelly hatte einen schweren Stand, musste sich jeden Tag für ihre ehrliche Haut wehren. Andere, die Vorgängerinnen, hätten mehr vom Dorf berichten können als sie, warf ihr der Pfarrer vor, und die Leute von den Haldenhäusern tratschten, sie sei eine Klatschbase, die neue Pfarrköchin, Vorsicht also. Sie war eben auf diesen *Bergstutzen* eine Fremde, eine Flachlandpflanze, gemieden von den Kühen.» Mira reckte sich, wurde einen Zentimeter grösser und verkündete laut: «Ja, man muss jetzt ihr Leben erzählen, da sie verstorben ist, die Arme. Und sie hatte so viel geputzt, wie sie mir berichtet hatte und vieles anvertraut.» Einmal habe sie in der Ritze einer alten Schublade eine Perle gefunden, eine Naturperle. Sie war eine Perle und musste sie finden.

«Alles war blitzsauber bei ihr, angeboren; sie hat nie aus einer fremden Kaffeetasse getrunken. Da war sie diffizil. In der Kirche gab es bei ihr immer viel Blumen und Bodenwichse. Im Bergdorf daneben lebte einer, ein heimlicher Verehrer. Gott hab auch ihn selig und führ sie endlich zusammen, die beiden! Der hatte ihr einen Kupferkübel geschenkt. Sie musste dies geheim halten. Man wäre neidisch im Dorf gewesen und hätte behauptet, sie habe den Kessel gestohlen.»

Diese Nelly habe noch eine Schwester gehabt. Die habe durch ihre Heirat der anderen Konfession angehört. Die beiden seien leider nicht christlich miteinander ausgekommen. Diese Schwester habe behauptet, sie, die Nelly, habe ihren kleinen Jungen heimlich für ihre Religion getauft. Der Vater habe dazu gemeint, das sei ja gut, könne im Doppelten nie schaden. Doch sie sei fuchsteufelswild geworden, besonders als ihr Junge verkündete, der Heiland wohne in der Kirche. So ein Unsinn! Der Bub sei später weder in die eine noch andere Kirche gegangen. Die beiden Taufen hätten eine Balance bewirkt, so dass er weder die eine noch die andere Kirchentür gefunden habe. Und im Dorf hetzten sie, sie sei ein Luxusweib. «Das arme Mädchen musste viel ertragen. Sie war die erste nämlich, die einen Schüttstein im Haus besass; die andern pilgerten täglich zum Dorfbrunnen.»

Am Schluss habe sie hier in der Alterssiedlung gelebt und habe befürchtet, man wolle ihre Kunstschätze stehlen, die verschiedenen Marienstatuen, gemäss der verschiedenen Erscheinungen, wie sie meinte, und die Silberrosenkränze.

Doch Gott sei stets bei ihr gewesen. Als ihr Lehnstuhl girrte und knackte, sei drei Tage später ein anderer für sie draussen gestanden. «Wenn Alte verstarben, stellten die Räumenden einiges einfach vor das Haus. Da habe sie sich immer wieder bedient zu ihrem Nutzen. Als ich sie das letzte Mal besuchte, hatte sie gejammert, nicht über ihre körperlichen Leiden, sondern wegen ihrem Strohhut.» Der habe eine allzu verblichene, zerfranste Strohrose angeheftet gehabt. Sie habe diese entfernt. Aber nun fehlte etwas an dem schönen Hut. So ganz zurechnungsfähig sei sie gegen ihr Ende nicht mehr gewesen. Einer habe bei ihrem Zimmerchen geläutet, er brauche fünfzig Franken für einen Taxi. Nelly eilte in ihre Küche, wo sie die entsprechende Note herauskramte, nicht ohne vorher vorübergehend ihre Wohnungstüre zu schliessen. Der Mann habe ihr freundlich lächelnd gesagt, er bringe ihr am Sonntag dafür einen Kuchen mit Rosinen. Am Sonntag hielt sie sogar ihre Türe weit offen, doch, wer erwartete anderes, aber sie nicht: Sie sah den freundlichen Mann nie wieder.

Der alte Bildhauer, zwei Türen neben ihr, habe gesagt, ihr Gesicht wäre ein interessanter Fall zum Modellieren, ob sie hinhalten könne und würde, atmen dürfe sie ja noch. Ihr Gesicht sei eine Mischung von Komikerin, unschuldigem Kind und Grobian mit ihren männlichen Zügen als Frau. «So weit ist es nun nicht mehr gekommen. Das arme Mädchen, Gott hab sie selig!»

K stand da, wie man so sagt, als *begossener Pudel*. Als Hund musste er nun in den Wasserstrahl vom Schlauch beissen, ihren Redewasserstrahl. Nach einigem Zögern und Überlegen sagte K zu ihr: «Aber Mira, die Geschichte, die du zum besten gibst – wirklich, eine tolle Geschichte, amüsant-tragisch, ist eigentlich zeitlich nicht möglich. Es müssten da Generationen-Verwechslungen stattgefunden haben. Der Konkurs der Bahn sei im vorletzten Jahrhundert geschehen. Also war vielleicht das arme Mädchen die Urgrossmutter oder

Urgrosstante.» Mira stutzte. «Paahh!» stiess sie aus wie eine Dampflokomotive des Berichtens, verzog ihr Gesicht. «Nanu!» – Ohne Gruss wankten die beiden auseinander, schwankend wie Schiffe im Wellengang.

Der Altlehrer

K fand wieder Platz auf der Parkbank mit Zuzu-Wau an der Leine, stets unter seiner Sitzgelegenheit schläfrig. Manchmal knurrte er im Schlaf, im Traum, schnellte mit der Schnauze hoch, als müsste er eine Fliege schnappen, doch blieb sie geschlossen. Sollte er sich ärgern oder sich belustigen? – Die Stadt hatte von einem modernen Künstler eine Statue aufgestellt, im Wiesenbord vor seiner Bank. Sollte ein weibliches Geschöpf darstellen, bestand jedoch aus einer Komposition aus Rostblech, bräunlich gekörnt, und Edelstahlteilen, die im Gegensatz dazu glänzten und gebogen waren, Kurven markierten, eben weibliche, wie angespannte Federn. Dazwischen Luft. Ein klobiger Hintern, wie üblich bei solchen Präsentationen, in grossen Bogenschwingen, entsprechend vorne, kleiner natürlich, die Brüste. Als Gesicht ein Rostviereck. Als Präsidentin eines Frauenvereins würde er protestieren, aber das war K nicht, und er wurde sowieso nicht beachtet und schon gar nicht seine Meinung. Eine seltsame Mischung von Schande und Ästhetik. Der Künstler wollte aufregen. Nur so wurde vermutlich einer beachtet. Neckisch war, dass einer ihr, dem weiblichen Eisengestell, eine alte Damentasche angehängt hatte. Und wie üblich für K, die Eisenstahlblechdame streckte ihm Rücken und ihren Breitpo entgegen. Nein, nicht auf die andere Seite; den Platz wollte er nicht wechseln, und die gegenüber liegende Bank war bereits von einem Liebespaar besetzt. Er musste sich, ob er wollte oder nicht, daran gewöhnen. Zuzu-Wau hatte ihr keinen Blick gewürdigt, interessierte sich nur für duftende Hundedamen und schon gar nicht für ein Eisengestell. Vielleicht wenn die moderne Plastik aus Knochen bestanden hätte.

Aber Zuzu war erwacht und aufgestanden von seinem Bankunterstandhotel und wedelte mit dem Schwanz einem Mann entgegen, der sich näherte, den er offensichtlich gerne roch. Es war der Altlehrer Rochus Kungelmann, der ihm einmal eine Wurst serviert hatte. Tiere lieben die Repetition und verstehen nicht, wenn sie nicht stattfindet. Freundschaftliche Begrüssung bei den beiden Männern. Setzt sich neben K und sagte zuerst nichts, betrachtete die Blecheisenjumpfer im Wiesenbord. Beinahe hätte sich eine Taube auf ihren Metallplattenkopf gesetzt, doch hatte sie sich eines anderen besonnen, verständlicherweise.

«Was machst?» – «Den Frühling geniessen. Aber die Tulpen sind bereits am Verblühen, strecken ihre Kelchblätter zu stark, und die Frau dort ist verrostet. Heute stellen sie in den Anlagen keine *plutte* Frau mehr auf, soll schon davon genug im Internet geben. Lokalitäten und Funktionen verschieben sich. Allerdings zu beobachten, dass heute die jungen Frauen stets mehr Haut zeigen als die Männer, bei denen dies ja keine Option darstellt.» – «Muss so sein, *épatez le bourgeois!*» – «Und die Frauen?» – «Wir rosten alle, aber anders.» – «Darum bin ich immer tätig», gestand der Altlehrer, «sogar korrigieren muss ich noch – für meinen Enkel». Und nach einer Schweigepause bemerkte er ganz unverhofft: «Schreibe jetzt an einem Roman.» – «Ja, so? interessant! Könnte ich nicht, aber natürlich die Lehrer. – Wie heisst sein Titel?» – «Zwischenleben.» Erzähle von einem Herrn K.» – «Soso, Kafka. Kafka hat sehr gut geschrieben: Krankheit.» – «Nein, K wie Kerl.» – «Nicht Konto, Kantor, Knastmann, Kinéast, Kirchenmann, Köbi, Kopf, K wie Kumpel, K wie Karl, K wie Kaspar, K wie Kumpan ... Und wie kommst du dazu? Ist ja ausserordentlich; wenige haben dieses Hobby. Aber vielleicht bei den Lehrern ...» – Lehrer Rochus Kungelmann rutschte auf der Bank einige Male hin und her, damit er ja gut sitze. «Las einen Roman, der mir gar nicht gefiel. Stellte ihn nicht in mein

Büchergestell, warf ihn beim Bahnhof in den Abfallkübel, wo drauf steht «Ich will gefüllt sein». Hab ihn mit dem Blödsinn abgefüllt. Muss selber sehen, wie er damit zurecht kommt. Da sagte ich mir: Mach's besser! Der Autor hatte Aufschriften eines Verrückten darin verarbeitet, mit widerlichen Tücken und manchem Tick, mit einem clownesken Verfolgungswahn und Bösartigkeiten. Braucht das die Welt? – Ja, für die Instruktion von Anstaltspflegern vielleicht, damit sie dann von den Realitäten in ihrem Etablissement nicht allzu schockiert sind. Mit Typen, die andern etwas zu leide tun, weil sie die Welt durch ihre Wahnbrille wahrnehmen.

Na, geniessen wir die Natur!» – «..., die in Wirklichkeit wohl viel mörderischer ist.» – «Musst schauen und nicht zu viel denken!» – «Ja, Herr Lehrer.» – «Beobachte manches, hast schon recht, zum Beispiel die Marienkäfer an meinem Stubenfenster, die beständig an der Scheibe hoch krabbeln, oben die kleinen Flügel ausbreiten und wegfliegen und unten wieder von neuem anfangen und hinauf beineln. Sind, hat man mir gesagt, fremde Marienkäfer. Sie fressen die einheimischen, rotten sie aus.» – «Tragödie, an deinem Fenster.» – «Liebe die Lustspiele. Ja, *wehe dem, der lügt*. Grillparzer eine liebliche literarische Grille gegenüber Kafka.»

«Wisse», fuhr nun Altlehrer Rochus Kungelmann mit seinen persönlichen Ausführungen als Neuliterat fort. «Romane verfassen, das bedeutet eine grosse Dose mehr Lebensqualität. Dasselbe gilt für das Lesen. Man setzt sich in eine andere, fremde – vermischt mit der einen – Identität, wie ein Schauspieler auf der Bühne in seiner Rolle. Zeitweise führt man dann zwei Leben, und wenn man nachts noch träumt, dann sind es drei. Das ist bereichernd, für den Kopf natürlich. Suche stets Schnecken in meinem Lebensideen-Garten, stöbere einiges auf, liebe bei meiner Romankreation eigentlich den Jahrmarkt wie zu den Zeiten meiner Kindheit, erinnere mich an die schwarzen Bärendreckseile, an die farbigen Bonbons und die bunten Zuckerstangen mit den Farbgirlanden, an die Zuckerwatte ..., weniger wegen den Süssigkeiten, mehr wegen dem Farbgeschlänge.» K wies nun mit seiner Hand kurz auf die Frau, die altbekannte, die erneut Zeitungen auf den Bänken sammelte und im Abfallkübel wühlte. Gemeinsames Lachen. «Es wird frostig. Kommst du noch einen trinken?» – «Schreibst dann aber nicht alles über mich auf.»

Altmänner Runde

«Ja, du bist doch noch ein Kindergarten-Kollege von mir, Raoul.» – «Stimmt, tatsächlich, vom *Moosgarten*. Keine Ahnung mehr, diese Lebensschalen sind von mir längst abgefallen. Weiss nur noch, dass, als ich in den Ernst der Schule eintrat, ich alle meine Stoff-, Stopftiere an ihn verschenkte, meinen Affen, Elefanten, Löwen, Esel, den ich besonders mochte wegen seinen langen Ohren, der aber nicht gut stehen konnte und immer wieder umfiel. So etwas weiss man noch. Und die Kindergartenfrau damals? – Keine *Blasse*, nichts, nichts, krabbelten im Garten herum, eine Rutschbahn gab's damals noch nicht und keine Schaukel.» – «Die Affen sind mir unterdessen sympathischer, ja menschlicher geworden. Früher galt für mich der Satz: Und die ganze Affenbande brüllt. Sah neulich, wie die Affen die Zebras mit ihrem noch gebrechlichen Jungen vor einem Leoparden warnten, dass sie endlich mit dem Kleinen davon stoben, war höchste Zeit.»

Die beiden Männer sassen im Restaurant des grossen Kaufhauses. Es war wieder kälter geworden gegen Ostern. K trank seinen Kaffee und *schmorte* eine Schwarzwäldertorte. Er überlegte sich jedes Mal, ob er nicht doch eine Kirschtorte auswählen sollte, damit sein Gaumen nicht immer die gleichen Gaumenfreuden verarbeiten musste. Der Raoul trank seinen Süssmost, der aber nicht mehr der Süssmost war, der in neuster Zeit vermischt wurde mit Mineralwasser. Gab es zu wenig Äpfel? Und dabei posaunten sie in ihrer Reklame aus, sie verarbeiteten nur die besten Äpfel. Die sollten doch als Tafelobst auf den Tisch oder in die Früchteschale gelangen. Der Rest wurde früher vermostet, vielleicht mit den Würmern. Nahrhaft!

Während K keine leiblichen Probleme zu haben schien,

war der Raoul Samuel Tschiko beleibt geworden, mit einer Rundung unten, bei seiner Frau oben und noch etwas voluminöser. Frauen mögen das erstere in der Regel bei den Männern nicht, was sich in dem nachfolgenden Thema bestätigte. Aber die beiden schwiegen vorerst eine Zeitlang und schauten in die Runde. Stellten wieder einmal für sich fest: Die Kundschaft wie üblich, wenn nicht Essenszeit war. Irgendwelche Veteranen aus fernen Ländern, wie K meinte vom Balkan. Zu hoffen, dass nicht die alte Garde von dort, die den Krieg angezettelt hatte, da sass und es sich wohl gehen liess, während die normale Bevölkerung unten weniger *zu beissen* hatte. K begegnete am Ort hie und da einem, bei dem ihm stets ein schlechtes Gefühl anflog, unheimlich! Flüchtlinge können von den Armen sein – sind dies meistens nicht – aber eventuell auch von den Bösen, die etwas, wie man sagt, auf dem *Kerbholz* haben. Man verstand von ihnen nichts, denn sie redeten ja in Sprachen, die hier niemand verstand ausser sie, was sie auszunützen schienen. K und Raoul schauten sich fragend an.

Das Thema wurde nicht aufgenommen, sondern herunter geschluckt. War ja auch nicht der Ort dazu. Der Raoul begann zu berichten, er habe sich am Ostersamstag sehr schwach gefühlt beim Aufstehen, mit zittrigen Knien. Das sei vom Fasten am Karfreitag. Er habe widerwillig, seiner Frau zu liebe, die immer noch den alten Bräuchen anhange, auf Kaffee und Schokolade verzichtet und selbstverständlich auch auf seine Garten-Zigarre. Sei auch zu kalt gewesen. Und drinnen gehe dies nicht, eben auch wegen der Liebe zu seiner Frau. Er habe sich an Ostern tüchtig erholen müssen. «Osterhasen gegessen?» – «Nein, erst am Osterdienstag, wenn die Schokohasen im Preis herabgesetzt sind.» – «Ostern schon wieder vorbei. Im Gottesdienst hatte der Paukist beim Halleluja von Händel so kräftig auf's Fell gehauen, dass Christus nicht auferstehen konnte. Und der Pfarrer hatte erzählt, er

habe von einem reichen Mann einen Check mit einer beachtlichen Summe für die Kirche erhalten, doch sei der Check
nicht unterschrieben gewesen. Der Mann habe ihm gesagt, er
wolle anonym bleiben, er sei ein bescheidener Mann. Darauf
sein Aufruf, die Gläubigen sollten doch in Zukunft unter-
schriebene Checks ins Pfarrhaus bringen. Was mir noch auffiel, war die Formulierung *Jesus, die menschgewordene Liebe*;
der Pfarrer vermied das Wort *Gott*. Das waren Ausführungen
von K.

Trat nun unerwarteterweise der Altlehrer Rochus Kungelmann an ihren Tisch und lachte. «Trinkst deinen Tee?» fragte
der Raoul, «setz dich zu uns!» Und K rezitierte: «Leber-Gal-
len-Tee, Sonnige-Grüsse-Tee, Magen-Darm-Tee, Herz-Tee,
Beine-Tee, Augenblicke-der-Freude-Tee, Glücks-Tee, Silber-
linden-Blütentee, Brennnesseltee, Minzentee, Früchte- und
Fruchtschalentee, Gute-Laune-Tee, natürlich Zitronen-Me-
lisse-Tee und Katzengrastee sowie Entspannungstee der Heiligen Hildegard oder ein Zaubertraumtee ...» Der Altlehrer:
«Hol mir einen Schwarztee, Early grey.»

Die Litanei der Phantasieteenamen hatte sie für das jetzt
folgende Gespräch inspiriert. Die Männer redeten über Träume. Typisch war das Traumgeschehen beim Lehrer: «Ich hielt
eine Vorlesung vor grossem Publikum und las, trug ein Stück
Theater vor, als Autor Grimmelshausen, aus einem Text, den
es gar nicht gibt. Den Zuhörenden gefiel dies nicht besonders, war so alt, aus dem sechzehnten Jahrhundert, also unverständlich. Im zweiten Teil nach der Pause wollte ich von
Brecht aus «Mahagony» vortragen in meinem Traum. Ich hatte jedoch für die Darbietung das falsche Buch mitgenommen,
einen Interpretationsband für dieses Bühnenstück. Rannte
also im Stress in die nahe Bibliothek, die selbstverständlich
geschlossen war, lief darauf nach Hause, keuchend, zu unserem Antiquariats-Schuppen – wusste nicht, dass wir so was
besitzen – natürlich ohne Brecht. Begann vor dem Publikum

über das Theaterstück zu reden, dessen Inhalt ich aber vergessen hatte. War dies eines mit Musik und war dies der richtige Titel? Zuviel der Fragen – ich erwachte.» – «Du träumst mir recht kompliziert», bemerkte Raoul, und K meldete, er habe noch nie literarisch geträumt. Da lachte der Raoul etwas boshaft: «Träumst wohl von Frauen.» Und K antwortete, so etwas habe er nie gesagt. «Sagt man nicht.» – «Bin ich denn noch ein Jüngling?» – «Jung sollte man sein im Alter.» – «Neulich habe ich ziemlich Ähnliches geträumt. Das war nach einer Song-Sendung im Fernsehen. Ich hatte auch aufzutreten. Die Lokalität so ein Dazwischen von Turnhalle und Wäschetrocknungsraum. Zwei grössere Räume. Im einen war wie im englischen Parlament gestuhlt, Podium links und rechts, Mittelgang. Bei den Abschrankungen Sacktücher. Irgend einer ist dort auch aufgetreten, wie hatte mir der Traum nicht gemeldet. Und ich stand im Nebenraum, bei runder Bestuhlung, aber es kam niemand, der mir zuhören wollte, glücklicherweise, denn mir kam keine Melodie, die ich hätte besingen können, nichts schlüpfte mir in den Sinn. Ging darauf oben auf dem Hof spazieren, überglücklich, dass niemand gekommen war. Im Traum kann man sogar glücklich sein.»

Ende der Liebesgeschichte
im Altersheim

Vor jedem Ausgang die Frage, ob er eine Krawatte anziehen sollte oder möchte, was schliesslich meist verneint wurde. K besass eine Sammlung von circa fünfzig Krawatten, gewöhnliche, feierliche, originelle, klassische, Krawatten mit besonderen Farbeffekten, mit einem Touch moderner Kunst oder apartem Design, mit Streifenmustern, Tupfen, Punkten, Pferdeköpfen, Schneeflocken und Sternen. Im Mittelalter, in einer gewissen Zeitepoche des Rittertums waren die Kleider auch so gestaltet gewesen, die ganzen, natürlich ohne die moderne Kunst.

K hatte früher damit seine Ästhetik vordemonstriert, und zwar unter seinem Hals. Eine Zeitlang der Bestangezogene – in jungen Jahren, und mit einmal änderte sich alles. Man schleppte keine Mappe mehr mit sich, trug dafür am Rücken eben den Rucksack, der doch früher nur für's Gebirge diente. Alle trugen Jeans, nur K nicht; er hielt dem Manchester-Stoff die Treue, dem wärmeren, lockeren und zugleich stabileren. Aber nur noch der Chef trug Krawatte. Punktum! Ja, an einem Geburtstag. Pochettchen nun völlig unbekannt, die goldigen Halter in den Löchern vorne beim Hemdsärmel, die Manschetten. Den Stehkragen hatte er nicht mehr erlebt ausser auf Ahnenfotos. Ausgang am Abend, auch sonst, stets notwendig als Ausgleich. Ausgang und Ausgleich. Er konnte nicht seine ganze Zeit im Bonsai-Wald verbringen, musste quasi auch ans Sonnenlicht.

Besuch eines Vortrages «Das Ende der Liebesgeschichten im Altersheim» von einem Professor Dr. Samuel Kettenbrück. Alles findet seinen Anfang, wie beim Urknall die Welt und die Milchstrasse, nebst Zubehör, und endet eines Tages oder in einer Nacht. Jedoch in den Geschichten,

Filmen, Romanen, auf dem Theater wird meist nur der Anfang präsentiert: *Happy end*, er hat sie endlich! Gemeint im Vortrag die durchlebten Liebesgeschichten, nicht die Episoden. Gibt eine dichtende Frau, durchschnittlicher Lyrik-Couleur, einen Band mit Liebesgeschichten heraus, so findet man spätestens ab Seite dreissig den Liebesschmerz stammelnd ausgebreitet wie die Blütenblätter im Frühling nach Regen und Wind. Wie endet sie, die Liebesgeschichte? – Mit einem Foto auf dem Nachttischchen der Frau des geliebten Mannes. Einige finden weiter ihren eigenen Weg, andere tun sich schwer, stehen jeden Tag mit einer Giesskanne auf dem Friedhof. Also wohl, das Thema *Loslösung, Entbindung*, aber auf ganz andere Weise als vom Begriff erwartet. Es gibt solche, die blühen quasi auf, wenn ihr Mann sich für immer verabschiedet hat, andere verwelken noch mehr. Das mag abhängig sein von vielem, von einem für die Frau einschränkenden Patriarchentum oder längerer Krankheit oder von luftiger Freiheit. Und bei den Männern weiss man nie so recht … Liebe und Gewohnheiten über Jahrzehnte. Viele Liebespaare leben in der Gesellschaft unscheinbar, wie selbstverständlich. K fragte sich, ob er den Vortrag halte. Nein, eher ein Schweigen und Fühlen. Welche Krawatte sollte er sich umbinden, eine feuerrote oder blaue? Keine. Er würde sonst auffallen, was er nicht wollte. Nachfragen, Neckereien bei den Kollegen, Neutralität, eine gewisse Unnahbarkeit.

Sie waren alle dort. Repetition des bereits Gedachten. Doch noch einiges dazu, das er wieder vergass. Später die obligate Kollegenrunde, im *Sternen* diesmal. Und ein ganz anderes Thema, das Gottfried Kuchenbüchler, früher Coiffeur, angeschnitten hatte, nicht mit seiner Haarschere. Man kämmte alles durch, war ja auch ein gewisses Amüsement, obwohl dieser Gottfried seine kümmerliche Miene aufsetzte, ohne den Gottesfrieden, was im allgemeinen veranlasste, dass man sich weniger mit ihm traf. Thema, die Geringhörigkeit bei gewissen Bauten und die Fremden, der Mexikaner zum Beispiel in seinem Haus, der in der Badewanne drei Mal die Woche kräftig-laut mit Vulkanstimme singt und täglich von sechs bis sieben trompetet. Seine Lebensfreude. Manche mochten dies und fühlten sich so weniger allein. Musste eine gute Stimme haben, der Mexikaner, und einmal soll er sogar Passagen des Trompeten-Konzertes von Haydn intoniert haben, sagte der Kenner, der es aber vorzog, diese Tonfolge im Konzert zu hören. In der Wohnung viel zu laut. Laut zu spielen ist eben leichter als leise. Ihm einen Schalldämpfer schenken. Jazztrompete? – Nein.

Da war es nun am Altlehrer und Musikkenner, seine Instrumentenfabel zu dozieren: «Die Oboe und die Klarinette stritten sich darüber, wer den schöneren Ton habe. «Du bist schrill», meinte die Oboe. «Du näselst», die Klarinette. Die Trompete hörte zu und fühlte sich erhaben über die andern. «Ach, ihr unteren Register, ich bespiele das Feierliche, den Glanz des Himmels.» – «Und mein Kollege, das Fagott?» fragte die Oboe darauf. «Es spielt das Geheimnisvolle.» – «Ist eine Unterweltfanfare», antwortete prompt die Trompete. «Und bitte, was sagt ihr denn über mich?» wollte das Horn wissen. Die Trompete meldete: «Waldkauz». – «Es ist sehr unbescheiden von der Trompete, ein solches Verhalten!» quäkte die Klarinette in ihrer untern und obern Lage. «Zugegeben, die Trompete zeigt eine anmutige Frechheit.» – «Gut, also die Flöte, von mir aus die Piccolo-Flöte. Sei die Beste. Ist mit den Vögeln verwandt, trillert, trillert in ihrem Virtuosenstolz.» – «Bin für die Bassklarinette.» – «Bin für das Bassfagott », hörte man nun. «Von mir aus die Tuba, nein, die Pauke!»

Man klatschte, lachte, aber nicht wegen der Pauke, von der man wusste, dass sie sich auch sehr wichtig nahm. Der Altlehrer erneut: «Doch der Triangel, wenn man ihn hören könnte – aber die Rätsche dringt besser ans Ohr.» War nun der Griesgram aufgeheitert? – Mitnichten. «Hast alles erzählt, um mich zu ärgern mit der Trompete.»- «War doch gar nicht so gemeint, im Gegenteil.» – «Ich hau' jetzt dann ab, nach Amerika.» – «Dort die Jazztrompete.» – «Die USA liegt neben Mexiko.» – «Darum haben sie dort eine Mauer gebaut, schalldicht.» – «Glaubst du.» K wollte beschwichtigen: «Die Trompete verkörpert Lebensfreude. Schenk dem Mexikaner gescheiter ein Schiffchen für seine Badewanne und lass ihn das Abendständchen blasen. Mein Nachbar spielt um acht Alphorn, auch schön. Musst die Lebensfreude zurückgewinnen. Lerne Trompete.» – «Ha!» – «Ich freue mich jeden Tag an Kleinigkeiten, heute am frisch spriessenden Farnkraut-Ballett mit den Jungschnörkeln an der Spitze, diesen feinen Blattwindungen. Dies beruhigte mich, da ich im gleichen Garten als menschlicher Barbar den Rasen mit den Gänseblümchen gestern geschnitten hatte.»

Der Altlehrer: «Themawechsel. Die Moral muss anderswie eingeträufelt werden. Gab einen Schriftsteller, der schrieb jeden Tag eine Seite, faltete sie zum Papierflieger und stiess diesen mit kräftiger Armbewegung an verschiedenen Orten ab in die Luft. So verbreitete sich sein Schrifttum wie die Löwenzahnsamen mit Schirmchen.» – «Aber du bist nicht dieser Schriftsteller?» – «Nein, ich türme auf in meinen Schubladen, die Blättererschichten, meine Papierablage mit Geist zwischen den Blättern wie die Butter auf dem Brot.» – «Also, guten Appetit, zu konsumieren bis …» – «Kunstgewerbe ohne Bezahlung?» – «Nein, ich schreibe keine Kriminalromane, lebe im Positiven, war Lehrer.» – «Ja, es sagte einer, die Krimis gehörten zum Kunstgewerbe. Wird wohl stimmen.» – «Schule mit den Bengeln.» – Darauf meinte verteidigend K, der Mensch sei doch an und für sich gut, aber die einflüsternden bösen Geister seien schlecht. «Glaubst du wirklich?» – «Alles viel komplizierter.» – «So kompliziert wie die Liebe, ihr

Anfang und ihr Ende.» – «Hört nie auf, die Liebe.» – «Um uns zu drangsalieren.» – «Ihr Lieben, jetzt Trompete spielen.» – «Zu spät, nur zwischen sechs und sieben abends.»

Wahrnehmungsmöglichkeiten

K sass auf einem geflochtenen Stuhl in seiner Waldeinsamkeit, am Tisch bei seinen Bonsais. Waldesstille. Alles hielt den Atem an. Nur die Zeit tropfte noch, mit ihren Wasserperlen. *Pflücke den Augenblick* – oder hiess es *Tag*? – hatte es früher geheissen. Aber damals im Gegensatz zum Jetzt lagen in seinen Augenblicken noch Perspektiven, Zukunftsträume, Pläne, Hoffnungen. Nun die reine, blanke Zeit, die um seine Miniäste und -stämme strich, seine Ewigkeitsranken, wie er meinte. Existenz, Schöpfung undenkbar ohne Bewegung. Darum hatte Gott, wie man behauptet, die Welt erschaffen. Seltsam, ein Nachteil, dass seine Bäume sich nicht bewegten und irgendwie starr dastanden, jeder Gedanken versunken in seiner Schwerkraft. Gefrorene Augenblicke. Die Äste jedoch mit der schönen Linienzeichnung und mit den reizvollen Holzkörper-Verhältnissen, dem Wechsel zwischen Verdichtung und Verjüngung, auch beim Zusammenspiel der Stämmchen. Waren sie nicht ein Symbol für sein Leben in diesen Tagen? Alles war kleiner geworden, war irgendwie zusammengeschrumpft.

«Miau!» – Er hatte die Türe offen gelassen. Seine Raubtiere Jaguar und Moritz stiessen sie noch weiter auf und huschten lebensfroh herein zu ihm. «Miaumiau!» Beide wollten auf seinen Knien sitzen, was nicht ging. So stieg einer, der Jaguar natürlich, auf den Tisch, was er in der momentanen Schwäche tolerierte. K konnte nun mit seinen Katzenlöwen weiter sinnieren. Die Tiere standen auch des öftern so unschlüssig herum, wussten nicht recht, was unternehmen, den Weg nach links oder nach rechts nehmen. Gut, dass man nichts wusste von ihrer Katzenschwermut, dem Leben gegenüber. Dies lediglich interessant, wenn es zu fressen gibt. Warten,

warten auf den Fressnapf. Vögel sollte man nicht fangen, das wäre doch noch unterhaltend gewesen. Ihr Mensch öffnete das Fenster und klatschte, bevor ihnen dies beinahe glückte, der Spielverderber. Ja, schlafen, das ist auch gut, wenn man müde ist, vielleicht gestreichelt werden. Man ist ja schliesslich eine Prachtskatze. Spielen miteinander? Früher ausgiebiger. Faulheit ist auch eine Katzeneigenschaft. Die hatte K nicht; er war doch eher ein Esel denn eine Katze, ein lebensbejahender, jaaa!

Dieses Sinnieren. Seine Tischwaldgedanken. Seine Stillegedanken. Die Augenblicks-Gedanken, die jedoch schnell sich wieder verwischen und verschwinden. Ist für einen Menschen eine wortlose Welt vorstellbar? «Was meinst du dazu, mein Kater Jaguar?» Die Reaktionen lediglich auf Gesten, Töne, Blicke und Gerüche. Auf den Stuhl schwingt sich das Katzentier, setzt sich und breitet seinen Körper aus. Aber für meinen Jaguar – nicht wahr? – ist es kein Stuhl. Und auch für Moritz existiert der Stuhl nicht, obwohl er darauf sitzt, auf dem andern Stuhl und herüberlauert, als wär' er *schalou*. Und für Zuzu-Wau schon gar nicht. Er benützt ihn ja nicht einmal und beachtet ihn nicht oder höchstens, wenn er den Schwanz daran schlägt. Aber wir Menschen haben ebenfalls für viele Seinswahrnehmungen keine Namen, unterschiedlich nach Weltgegend. Wie kompliziert umschreiben wir manches, Kunstwerke, den Duft und Geschmack des Weines, die Sinnenlust der Parfums, sogar bei den Farben, geschweige denn für die Gemütsbewegungen.

Kommt dazu, dass wir uns selber zum Teil nicht kennen und in diesen Bereichen völlig im Ungewissen stehen. Keine Ahnung, warum ich diese Stadt mag und mich in der andern unwohl fühle. Keine Ahnung, warum ich beim einen kleinen Ort auf der Zugsfahrt immer aufmerke und hinausschaue ohne jeden Grund, ohne jede Erklärung. Und sind so begierig auf Erklärungen, Worte und Bilder. Und wenn wir keine haben in einer gesichtslosen Wüste, dann kreieren wir sie selber, und sie schiessen aus unserem Kopf wie die Versuchungen des Heiligen Antonius. Aber wie verhalten sich diese Dinge bei meinen Mitbewohnern, dem Zuzu, dem Jaguar und Moritz? Was vor Augen ist, ist stets ein Bild, ein Gegenüber, in den zwei Sparten: entweder stumm, bewegungslos oder mit Maul und Augen, manchmal mit Tatzen. Ausschnitte eines Ganzen. Ja, wie nehmen dies die Tiere wahr, den Ausschnitt und das Ganze? Wir doch auch nur partiell. Dazu das Element der Affektion. Wir denkenden und wollenden Menschen passen oft die Bilder unserer Augen unseren Intentionen an, interpretieren sie für uns und unsere Gegenwarts-Situation. Dann unsere Reaktion darauf. Dürfte auch bei dir, Kater Moritz, zutreffen. Ob bei Hund und Katze aus dem Gegenüber eine Geschichte entsteht, ist fraglich, wahrscheinlich unmöglich, denn sie scheinen ja nur in den Augenblicken zu existieren, allerdings ihre Affektionen nicht mit eingerechnet.

Ah, was wir Menschen alles drauflos plappern und was wir alles glauben oder nicht glauben. Ihr Busis seid wohl alle Atheisten, wisst nichts, glaubt an nichts. Aber wenn ihr eine Elfe im Garten entdecken könntet, würdet ihr mit euren Krallenpfoten lospfeilen, um sie mit *Klauen und Zähnen* zu fangen und zuzubeissen. Aber oha, haha, Elfen sind eben unsichtbar. Sie wissen warum. Schnurr-schnurr! Gibst mir deswegen das Pfötchen. Musst jedoch aufpassen, dass du nicht zu viele Vögel fängst. Es besteht doch die Gefahr, dass du im nächsten Leben selber ein Vogel wirst oder wenn es ganz schlecht geht eine Ratte zum Beispiel. Kleine Mäuse darfst du wahrscheinlich fangen, denn einige behaupten, die hätte der Teufel erschaffen. Diese Tiere haben uns Menschen viel Leid und Tod zugefügt; aber natürlich, sie können nichts dafür. Mit Mäusen kannst du eventuell – und du Moritz auch – in den Katzenhimmel gelangen. Ob es dort auch Mäuse hat, weiss ich als Mensch nicht, denn wir wissen gar nichts über diesen Himmel, haben aber schon sehr viel darüber geredet, typisch Mensch. Ja, schnurr-schnurr! Weil wir die Mäuse nicht mögen, damit sind wir mit euch Katzen einig, haben wir für uns eine andere, spezielle Maus erfunden, eine gute, die Mickymaus, in ihren Anfängen noch aus Gummi.

Doch mein lieber Jaguar, du musst wissen, dass die Natur, der du mehr angehörst als ich, sehr innovativ sein kann, das heisst sie kann plötzlich vieles ändern, also erstaunlich innovativ. Wir werden alle ins Hintertreffen geraten, wenn sie mit einmal die Kopfgeburt einführen wird – oder ist dies bereits geschehen? – Dieser gewaltige Sprung in der Entwicklung vom Ei bei den Reptilien und Vögeln zum Säugetier. Alles in den Körper des Weibchens verpflanzt. Einige Naturmächte haben wohl damals kundgetan, das gehe doch nicht, sei nicht machbar und viel zu umständlich und quasi unsauber. Aber die Entwicklungsvorteile bitte. Die Wärme besser garantiert, dieses lauwarme Fördernde … und … und … Hat allerdings alles Vor- und Nachteile. Eine Eierschale zu sprengen, so schön mit einem Kopfrecken, ist einfacher, als heil beim Weibchen herauszukommen. Aber daran erinnert man sich nicht. Und dann mit dem zweiten «Aber» ist festzustellen, das Leben mit all dem sei unglaublich komisch, so vieles unglaublich komisch. Einfach den Kopf etwas strecken und da bin ich, der obere Teil des Eis ein Zackenhut auf dem Kopf für die Begrüssung, darauf ein bisschen Schwindel als erstes Gefühl, umkippen im Ei, auf die eine Seite, und schon krabbelt man in der Welt, lässt das Gehäuse hinter sich, sucht später einen anderen Unterschlupf. Das alles, diese einfache Einrichtung, wurde aufgegeben in einer Neuorientierung, allerdings bei den besagten Tieren noch beibehalten, jedoch bei den neuen Formationen nicht mehr. Davon wisst ihr Katzenmiezen natürlich nichts.

Gut, mit dem Ei besteht eine grössere Möglichkeit von einem Irrtum; die Eier sehen ja zum verwechseln ähnlich aus. Bei den Säugetieren wird man individueller. Und es ist unmöglich, dass wie bei einem Vogel, dieser Ei und Tennisball verwechselt und diesen ausbrüten will. Aber klar, solches ist wieder von uns Menschen verursacht. Ja, schnurr-schnurr! Mein rechtes Knie droht einzuschlafen, beginnt zu kribbeln. Muss aufstehen, und ihr Katzen solltet draussen noch eine Runde drehen oder euch irgendwo so sphinxmässig platzieren und selber noch etwas philosophieren, undenkbar, dass ihr nicht auch eure Katzenphilosophie habt mit eurem Blickwinkel.

Über die Bonsais

Hat an meiner Tür geläutet, die junge Reporterin unseres Lokalblattes. Ob ich so gut sei und ihr einen kleinen Artikel über meine Bonsais entwerfen würde. Woher sie denn wisse, dass ich Bonsaibäume besitze. Das sei ein Redaktionsgeheimnis. Ob ich auch Bonsais züchte. Nein. Hatte ihr etwas widerwillig zugesagt. Sie hatte einen so schönen blonden Haarschopf; der sah aus wie der breite Wipfel eines Bonsais. Hatte natürlich nichts davon verlauten lassen, dass ich eigentlich, obwohl mit einem Bonsai-Wald auf dem Stubentisch, kein Bonsai-Kenner bin, alles andere denn ein Fachmann, lediglich ein Baum-Ästhet. Und die Ästhetik, überhaupt die Schönheit liegt doch stets ausserhalb der Begriffe und Wörter. Aber ich kann den Katalog benützen. Das verhält sich zwar nicht ganz so wie bei den Briefmarken. Die Pinzette benützt man zwar auch hier. Werde meinen Artikel mit den Namen der Bäume zieren, das ist schon etwas.

Ein paar Fachwörter dazu, zum Beispiel *mein Arboretum* auf dem Stubentisch, macht sich gut. Nein, man kann leider dort keine Äpfel oder Zwetschgen ernten, jedoch mit den Bäumen eine Weltreise unternehmen, zu den Tempelgärten Ostasiens, mit dem Japanischen Ahorn, dem Granatapfel, der Traubenkirsche, zur Koreanischen Föhre, zur Chinesischen Felsenmispel. Etwas Exotik gehört stets dazu, auch bei den Pistazien. Den Stinkahorn würde ich auslassen; nicht dass die Zeitung lesenden Leute dann meinen, es stinke in meiner Wohnung. Hab keine Zieräpfel; lese sie im Garten zusammen, diese Nichtsnutze. Goldlärche, Fächerahorn, schöne Namen und so verschieden, gefächert etwas steif, der Stamm der Goldlärche leicht anmutig gebogen in Zartheit, die Azalee emporstrebend, der Amberbaum zauberhaft.

Und es gibt Bäume, die geben einem mit dem einen Ast die Hand. Das wäre anzumerken. Die Blondine hatte gefragt, welches Gift man den Pflanzen gebe, damit sie nicht weiter wachsen. Doch kein Gift, hatte ich geantwortet. Aber ehrlich, ich weiss es selber nicht.

Mir bekannt, welchen Drang alle Pflanzen, besonders die Bäume zeigen, möglichst stark zu wachsen und Raum einzunehmen. Die Zwergbäume werden als Zwerge verkauft und werden ihrem Kleinwuchs bei jeder Gelegenheit untreu. Es gibt wohl darum keine Zwerge, weil alles immer wachsen will, möglichst in die Höhe, aber auch in die Breite. Zwar unterscheiden sich Pflanzen darin wie die Menschen: Die einen sind eher schüchtern, ja demütig, sogar vielleicht auch kollegial, andere frönen ihrem Egoismus und wollen so viel wie möglich erobern und werden sogar kriminell, zum Beispiel die Maiglöcklein gegenüber den Rosen. Kommen manchmal auch von fremden Ländern und wollen alles erobern. Wenn da der Mensch nicht eingreift – wenn er überhaupt kann. Wild, ungestüm, ohne Ordnung nach aussen, aber für sich selber schon. Mein Tischwald ist dagegen ein Paradies in Vollkommenheit. Darüber müsste ich schreiben.

Die ersten drei Bonsais

Der Rütishuser, Sägereibesitzer, vom Hofe Hüri bei Gachnang, hatte K die ersten drei Bonsai verkauft. Er hatte sie von seiner Gattin zum sechzigsten Geburtstag erhalten, jedoch diese kleinen Dinger nicht genügend zu schätzen gewusst. Ihn interessierten doch dicke, gesunde Baumstämme, die ihren guten Preis hatten und brachten. K erwarb sie vorerst aus Mitleid von dem Manne, der, wie man sich denken kann, selber einem dicken Baumstamm glich, liess sich aber darauf mehr und mehr von Geranke dieser Äste und Stämmchen faszinieren. K hatte ihn bei seiner Tochter kennen gelernt im fernen Schongau, wo es noch viel Wald gibt, wo sich seine Tochter schonte wie schon immer, auch gegenüber ihm, dem Vater, der doch von Zeit zu Zeit seine *Rabautzigkeit* hervorkehre, als habe er plötzlich kleine Hörner auf dem Kopf wie ein Bock. Solche Halluzinationen hatte sie, seine Tochter, die Minna, die von ihrer Tante, die in der Nähe wohnte, nämlich in Schwandenmeister, noch verstärkt wurden, die mit der eisern-strengen Brosche am wehrhaften Busen. Na, K war schon lange nicht mehr dort gewesen. Er hatte nur gehört, dass der Sägereibesitzer einiges hinter *seine Binde kehrte* und goss in den Pinten der Waldgegend. Nun, er war ja im Alter mit etwas mehr Feierstunden, seine Angestellten sollten doch eingeübt sein zu ihrer Arbeit. Wie sein seelisches Verhältnis zu den Bäumen, die er drangsalierte, ausfallen mochte, konnte K nicht eruieren, da war er wie abgeblockt mit einem Stemmbolzen. Und seinen Wald hatte er ja weiter aufgefrischt im grossen Gartenzentrum, mit ganz anderen Baumindividualisten. Er musste nicht die Rinde entfernen mit scharfen Hacken, um sich einem Baum zu nähern und ihn schon gar nicht entzwei sägen zu Brettern.

Allerdings liebte er das Holz als Baumaterial. Als Mensch war man immer irgendwie gespalten, und hoffentlich war man kein Totholz, doch war dies der erste Vorgang zum Endresultat, dem Totholz.

Soll ich beim Zeitungsartikel schreiben, dass wir Menschen uns mit dem Bonsai, gemäss unseren Grössenverhältnissen, anpassen, uns gegenüber stellen? Draussen blicken die Bäume auf uns Menschen herab; ich blicke auf meine Bäumchen herab, so wohlwollend wie der Liebe Gott, allerdings nicht ohne da und dort und immer wieder einzugreifen, was unsere Gottheit vielleicht unterlässt, oder er hat solches an Untergebene delegiert. Wir wissen's nicht.

Im alten China soll es einen Zauberer gegeben haben, der habe eine ganze Landschaft mit Berg, Tal und Fluss auf ein Teetablett reduziert zur bessern Betrachtung für die Hofdamen des Kaisers und ohne dass sie ihre eingeengten Füsschen hätten bewegen müssen, zum Beispiel auf einen Berg hinauf für die Aussicht. Ein Hofspektakel. Und dadurch seien die Bäume ebenfalls viel kleiner geworden, in dieser Miniatur, womit er den Bonsai erfunden habe, eine Vorform genau genommen davon, denn die Japaner hätten sich darauf besonders der Form angenommen, doch stets aus der Pflanze selber heraus entwickelt durch Meditation, ohne etwas aufzwingen zu wollen.

Ja nichts aufzwingen. Und bei uns Menschen? – Die Tochter liess sich in ihrem schwierigen Alter nichts, schon gar nichts aufzwingen. Wenn man etwas von ihr wollte, sagte man am besten von Anfang an das Gegenteil, um dann das zu erreichen, was man gewünscht und beabsichtigt hatte. Vielleicht war ihre Tante doch gescheiter als wir. Sie hatte sie stets unterstützt, vielleicht in der Hoffnung, dass sie sich darauf selber widersprach. Ja, stürz dich doch in das Loch – dann tut sie's nicht, was leider nicht immer gewährleistet ist.

Aber wenn wir die Bonsais klein halten, dann ist kaum vorstellbar, dass die Bäume dies wirklich wollen, denn wie bereits vermerkt, will doch alles grösser und noch grösser werden. Da besteht ein Unterschied auch zu den Menschen, sicher, denn wir wollen doch, dass sie erwachsen und grösser werden, unsere Kinder, es sei denn eine Mutter habe einen starken Bebetick, und da gab es einen Roman, in dem eine ihren Geliebten wie ein Bebe ans Bett gebunden habe, damit sie ihn alleine besitzen und pflegen könne. Anormalitäten.

Doch rabautzig ihr gegenüber musste man sein trotz aller Überlegungen in der Gegenrichtung. Sie forderte einen dazu heraus. Ich als Vater, damals ein Pazifist, heute nicht mehr, denn man muss sich wehren und dies zur rechten Zeit – aber die Tochter schwärmte plötzlich von Panzern. Hatte sich einen *Giel* angelacht, der ebenfalls in dieser affektiv-aggressiven Phase steckte oder war, simpel-einfach, in Liebe zu einem Panzer-Grenadier. Die junge Frau liebte Uniformen über alles, trug einen Uniformrock mit Militärknöpfen – heute natürlich nur noch Hosen – stand am Rand des Panzerübungsplatzes, wenn sie konnte, die Soldatenbraut. Allerdings auf Zeit. Bin schon dafür, dass man verhindert, dass unser Land geklaut wird; doch geschieht dies ja ohne Panzer auf ganz andere Weise, und ich befürchte, einiges ist bereits geklaut. Jedoch mit einmal schwärmte sie für einen Stadt-Indianer, mit einem rötlich-schwarzen Hahnenkamm vom Coiffeur. Aber schlimmer dann der nachtdunkle Kongolese und ihr Interesse für Afrika. Die seien viel herzlicher als wir. Überhaupt wir, mit unserem gestrigen erzbürgerlichen Konservatismus; sie wolle sich nicht unserer schämen und unserer Engnis. Aber schliesslich landete sie im Schongau.

Diese Schwierigkeiten, wie man sich verhalten sollte. Da waren die vorgegebenen gärtnerischen Massnahmen für die miniaturisierte Form des Bonsais doch sicherer und eher erfolgversprechend. Eine Formung, ähnlich wie bei einem

Tongefäss oder bei Keramik, aber mit dem Brennvorgang. Natürlich, es gilt, sich richtig zu entscheiden, zum Beispiel für die Kaskaden- oder Besenform. Tippt man nicht richtig, landet das kostbare Bäumchen bei der Grüngutabfuhr. Kann man allerdings einen neuen kaufen. Die eigene Tochter ist einmalig, den Zuschnitt, wenn möglich, hat man dann. Glücklicherweise haben wir sie nicht zu einer Egoistin erzogen, wie dies heute häufig der Fall zu sein scheint. Ein Lichtblick. Macht im Frauenverein mit; sorgt sich demnach auch um andere, was ja unbedingt zu einer Frau gehört, sonst ist die nicht richtig.

Zwischen dem Zoologischen und dem Menschlichen gibt es ja viele Verbindungsstellen, nicht nur gemäss den Evolutionsansichten und -forschungen, sondern ebenso aus der täglichen Erfahrung. So steht im primären Bauplan von Tier und Mensch, ja auch bei der Pflanze, die Vermehrung, die Weiterführung der Art. Die Phantasie, welche die Natur dafür erzeugt und einsetzt, ist unendlich mit all dem Blütenrausch an Stängeln, bei denen man solches niemals erwartet. Und was nehmen die Tiere alles auf sich in ihrer Existenz, um ihre Art zu erhalten! Wenn aber ein Mensch heranwächst, wird man sich beim Beobachten fragen müssen, ob er dazu neigt, hauptsächlich das Primäre und, wie wir es begrifflich formulieren könnten, Animalische zu erfüllen, oder zeigt er Indizien und Merkmale, dass er darüber hinaus gelangen wird. Es stellt sich die Frage, wie hoch ein Mensch wird springen können beim Stabhochsprung, der Stab sein Lernen und seine Ausbildung.

Stöbert ein Junge nur als Don Juan herum, reisst Frauen auf und hat lediglich Muskeln und Sport im Kopf, dann ist und bleibt er oft nahe dem Animalischen. Der Fussballer, der sich für Spielstrategie interessiert, ist bereits darüber hinaus. Bei den Mädchen bestand lange Zeit, auch in unseren Breitengraden, der Eindruck, dass sie sich in erster Linie, nun eben animalisch ausgedrückt, der Fortpflanzung und Brutpflege widmen, was lange Zeit verunmöglichte, die vielen noch andern menschlichen Qualitäten hervorzukehren. Zum ersteren gehört auch ihre vielfältigen Körperzeremonien und -gefühle, ihre Schönheits- und Putzsucht. Die Natur wollte es bei der Gattung Mensch, dass das Weibchen diese Rolle übernahm und nicht, wie bei gewissen Vögeln, die Männchen. Zugegeben, dazu gehört bei der Frau ebenfalls eine grössere Nähe zur Alltags-Lebenspraxis. Geht aber ein Mensch über diese animalische Linie hinaus, sei es, dass er Trompete spielt, malt, ja auch schon bastelt, allgemein Kunst betreibt, von Religion erfüllt ist, die Wissenschaft und Erkenntnis vorantreibt, erfindet, Zusammenhänge aufdeckt, schreibt, komponiert, das Ingenieurwesen betreibt, operiert, organisiert ..., dann befindet er sich im sekundären Bereich, der eigentlich den Menschen ausmacht gegenüber unseren Tieren, dem Zuzu-Wau, Jaguar und Moritz, allerdings immer mit dem Nachteil, dass diese Dinge grösstenteils nicht lebensnotwendig sind. Wo der weite Kommerzbetrieb zu platzieren wäre, wie man ihn einstufen sollte, weite Teile der Berufswelt, ist fraglich. Es würde überall Schnittstellen geben. Vermutlich ist aber der, welcher möglichst viel Geld zusammenrafft, im animalischen Bereich zu finden, als ein abnormer Nestbauer, der überall die Strohhalme zusammenrafft.

Aber warum sinniere ich so lange über diese Verhältnisse? – Wohl, weil meine Tochter, von der ja alles ausging, quasi im umgekehrten Sinne, Eltern-Tochter, bis jetzt wenig von den sekundären Bereichen aufzeigen konnte, was mich natürlich als Vater, stark im sekundären Bereich verwurzelt, enttäuschte, es sei denn ihre Mitgliedschaft beim Frauenverein. Mein Bonsaiwald – doch ein starkes Zeichen des Menschseins, in Verbindung und zugleich Trennung mit der Natur. Das könnte ich für die Journalistin ebenfalls notieren.

Beim Vergesslichen

Prächtiges Wetter, die Vögel übermütig, die Spatzen pfeifen und schwirren umher, hinauf, hinunter, gehüpft, geflogen, eine Vogel-Lebenslust. Ja, ich wähle den *Rehstock* zum Gehen, ähnlich einem Geweih. «Aber Zuzu-Wau, derart mit dem Schwanz wedeln musst du nicht, bist ebenfalls überstellig, wirf mich nicht um und pass auf, dass du mit deinen Zähnen nicht auf die Zunge beissest, und der Blumentopf mit Pflanze will noch weiter leben, weiter existieren trotz deinem Schwanzausschlag. Also los! – Nein, jetzt macht der Zuzu noch Ringel-Reihen, dreht sich nach dem Schwanz rundum, erwischest ihn doch nicht mit der Floh an der Spitze deines Karussellgefährts. Und jetzt muss man sich noch herumwälzen. Alle Viere von sich strecken; das ist unanständig, doch darüber wisst ihr Hunde ja gar nichts. Ja, wir wandern eine Strecke über den Hügel und hinunter zum See, beim Bärenbad ohne Bär. Zum Samuel Lunar gehen wir, zu dem, der, wie er einst sagte, alles vergisst und sich deswegen mit Ordnern ein grosses Nachschlagewerk geschaffen hat, ein Büchergestell voll. Er wird einen Ordner nach dem andern holen und ihn zeigen, falls seine Frau nicht zu Hause ist. Du wirst wohl bei der Balkontüre liegen, dösen und nach den Enten auf dem Wasser schielen, aber jenseits des Schilfgürtels, oder du ziehst es vor, unter unserem Tisch zu liegen, Augen zu, Ohren spitz, nichts sehen, wenn es sich nicht lohnt für deine Hundeseele.»

Samuel Lunar weilte im Garten und zupfte das unerwünschte Gartengewächs zwischen den Gehplatten heraus, möglichst mit der Wurzel, sah uns also nicht im Kommen und zeigte sich darauf verwundert. Ein kleiner, rundlicher Mann, der sich also nicht stark bücken musste. «Ein Jammer!»

sagte er, den Schweiss von der Stirne wischend, nach der kurzen Begrüssung, wie beiläufig, und dem Schnuppern von Zuzu-Wau. «So schöne kleine Pflänzlein, mit niedlichen Blättern in Miniatur, aber sie wollen am falschen Ort gedeihen gemäss unserem Urteil.» Strich sich mehrmals über den grauen Haarschopf mit einer Art Bürstenschnitt und sagte: «Komm, sieh dir unsere Aussicht zum See an. An jedem Tag etwas anders.» Wir traten ein und Samuels Frau humpelte herbei und begrüsste uns etwas forsch, dachte wohl: Na also, zwei Langeweiler heute. Zuzu war, wie von früheren Besuchen gewohnt, auf die Terrasse gepirscht, die Verlängerung der Stube und trat von einem Vorderbein auf das andere, hob den Kopf und stiess die Nase in die Luft, senkte ihn dann wohl etwas enttäuscht, kehrte um, den Hinterteil etwas einziehend und schmiegte sich an den Boden, der mit einem Perser belegt war, unter dem Tisch, an den wir uns unterdessen hingesetzt hatten, breitete sich aus, im wohligen Gefühl, die Körperlast hinlegen und deponieren zu können.

«Habe mir ein Fernrohr mit Stativ gekauft, um mich etwas mit dem See und dem, was alles auf ihm herumgondelt, unterhalten zu können.» – «Warum hast du kein Segelboot gekauft?» fragte K. – «Ist mir zu langweilig, zu schwankend, und so viel Wind bläst bei unserem See in der Regel auch nicht, und wenn, dann geht man nicht auf den See.» Sie waren vorübergehend aufgestanden, und der Samuel hatte die Optik zum nächsten Ruderboot mit er und sie eingestellt. Ein Blick. K fragte sich: Wozu? «Kannst auch den Mond betrachten.» – «Tu ich bei Vollmond. Faszinierend! Leider keine Elefanten, Mammuts oder Saurier darauf, nur viele Felder, wo die *Melancholia* manchmal blüht.» K belehrte: «Ist der Gegensatz zu unserer so geschäftigen Welt mit unserer Artenvielfalt, eine Polarität und bildet eine Art Gleichgewicht.» – «Und die Ödnisse der andern Planeten, weiss nicht mehr ihre Namen, wurde vergesslich, macht aber nichts aus;

es sind ja viel zu viele. Könnte in meinem Ordner nachsehen.» – «Musst du nicht, die Venus und den Mars und vielleicht den Merkur kennst du noch.» – «Bewahre, war noch niemand dort, aber die Namen, die sind von uns Menschen und wohl ohne Belang.» – «Vielleicht sehen wir die Planetenwesen einfach nicht.» – «Weit, weit weg.» – «Nein, überhaupt nicht, gemäss unserer Wellenlänge.» Und K fügte hinzu: «Wir sind auf Erden auf einem Versuchslaboratorium-Planeten, abgeschirmt von allen andern.» – «Ha! wohl richtig!» Und der Samuel schaute auf seinen See hinaus: «Jetzt schaukeln die wieder mit ihrem Ruderboot, ist schon mancher, manche ins Wasser gefallen. Immer zu hoffen, dass sie schwimmen können, was bei den aus der Ferne Hinzugezogenen nicht immer der Fall ist.» – «Gibt es einen Rettungs-Dienst?» – «Ja, selbstverständlich. Es surren hier auch ein paar Motor-Boote herum, die jeweilen ihre Wut heraus lassen. Unser See ist aber ein ruhiger Wassergeselle.» Die Frau brachte nun, in der Geschwindigkeit eines Last- oder Ledischiffes eine Schale mit Biskuits und Süssmost herbei – immer noch Süssmost und nicht *Apfelsaft*, da einheimisch – und Zuzu erhielt in einer Schale Wasser zum Schlappen und dankte wedelnd.

Darauf erzählte der Samuel von seinem Sohn vorerst, dann von der Tochter, was hier immer zum Gesprächsstoff gehörte. Nach der Scheidung gehe es ihm endlich wieder besser. Er habe eine neue Liebe und verdiene ziemlich viel, unerwarteterweise, denn er betreibe ein Institut für's Fensterputzen, er sei eben ganz und gar schwindelfrei und stehe im zwölften Stock noch auf dem Sims, halte sich mit der einen Hand, schruppe und scheuere mit der andern. Also tüchtig. «Als Bursche war er ein Schlingel gewesen. Weiss nicht, ob ich es dir bereits erzählt habe.» Er habe dem Lehrer, der stets für den Unterricht seine Schuhe wechselte, die Strassenschuhe mit Kleister angestrichen an den Sohlen. Der sei allerdings etwas eingetrocknet gewesen, aber trotzdem habe er noch geklebt.

Die Tochter? – Die sei immer noch dieselbe *Teufelin*; sie sei ja leider Mitglied einer Sekte und mache den andern ganz unchristlich die Hölle heiss, und das im einundzwanzigsten Jahrhundert! Die pflegten eine Art *Bosheits-Kultur*, wenn man das Wort «Kultur» dafür brauchen könne, allerdings sei ja alles heute *Kultur* bis zur WC-Schüssel.

Nun erschien wieder die Frau an der Türe. Ob er, K, auch so viel lese wie ihr Mann, immer nachts im Bett, er könne eben nur schwer einschlafen. Seine Nachttischlampe störe sie schon stark. Am Morgen klage er über seinen Arm und wolle nicht aufstehen für das Morgenessen. Und wenn der Kaffee auf dem Tisch stehe, wolle ihr Mann zuerst die Zeitung lesen. Dann sei der Kaffee eben kalt. «Liesest du, Samuel, Kriminalromane?» Nein, er habe eine grosse Serie von Büchern über ferne Länder, bereise eines nach dem andern im Bett, zwischen den Kissen, auch den Urwald.

Zuzu-Wau schaute ein paar Mal eindringlich zu seinem Meister hinauf, stand auf, setzte sich erneut. Es war das Zeichen, dass es an der Zeit war, wieder heimzukehren, was K befolgte, sich also höflich dankend, von beiden verabschiedete und fröhlich seinen Stock schwang und für Zuzu einige Steine fliegen liess, dass er apportierte. K wollte noch bei Tageslicht seine Blumen und Bäume begiessen, sachte, sachte, dafür in den nötigen Abständen, dass kein Stauwasser sich bei den Wurzeln sammelte.

Nach dem Erscheinen des Zeitungsartikels von K

Rochus, der Altlehrer an der Tür. Er habe den Zeitungsartikel über seinen Bonsaiwald gelesen und möchte nun das Geschriebene verifizieren, bestätigt wissen. K antwortete, er habe sich darüber gefreut, ganz richtig seien ja die Mitteilungen in den Zeitungen nie. Es sei richtig notiert worden, dass man die Bäume klein halte, indem man zupfe, schneide, knipse, auch bei den Wurzeln und von Zeit zu Zeit umtopfen müsse, richtig giessen, mit Dünger nachhelfen wie bei einer Diätküche. Zeitweise mit Draht verstärken, eine Form langsam herausarbeiten wollen, mit nicht zu vielen Ästen, von unten nach oben, in verschiedener und intendierter Weise – eine Geduldsarbeit! Die Redaktion habe darauf auch zwei Leserbriefe erhalten. Beim einen habe einer reklamiert, da man die Bäume so dressiere – man muss doch entfalten, was in ihnen angelegt ist wie bei den Menschen – verhindere man die Hauptfunktion der Bäume, nämlich die Herstellung der Verbindung zwischen Himmel und Erde. Ein Esoteriker! Es gibt doch noch viele Bäume auf Erden dafür, was soll's! Die andere Zuschrift sollte uns belehren, einen Bonsai halte man nicht in einem Wald, sondern einzeln in einer Schale, die ebenso wichtig sei wie der Baum. Ein Bonsai müsse allein stehen können, um sich entfalten und produzieren zu können. Der Altlehrer war darauf der Meinung, der wisse nicht, dass man diese Bäume im Orient oft auch gruppiere, besonders im Freien, verbunden auch mit Kiesflächen, die manchmal gemustert seien mittels eines Rechens. Zur Gestaltung gehöre ja auch der eine oder andere Fels oder Stein, sogar eventuell ein kleiner Wasserfall mit Teich. – «Gewisse Leute müssen immer ihr Kommentar abgeben, vermutlich aus Langeweile.» In der Fachliteratur gebe es den *Bonsaiwald*, allerdings zum Beispiel mit mehreren Stämmen, wie auf einer Insel. K betonte, er habe seinen Bonsaiwald auf dem Tisch. «Individualität spielt letztlich nur in Gemeinschaft; sie unterstreichen die Unterschiede.» – «In der Schule war die Individualität der Schüler interessant, zu viel erwies sich im Klassenverband aber eher als hinderlich», meinte darauf der Altlehrer.

«Ja, mein Lieber, es braucht auch hier viel Fingerspitzengefühl im konkreten Sinne, die Blätter, Ästchen richtig zu zupfen, vielleicht noch mehr als bei deinen ehemaligen Schülern, das Wissen für den richtigen Zeitpunkt, die richtige Stelle. Keine Psychologie zugegeben, alles mit den Fingern, mit Beobachtung, Wertung, Überlegung dazu. Die Finger als feines Werkzeug, um die Intention auszuführen, die Minimalisierung in der Form durch alle gärtnerischen Massnahmen. Das Ziel: die Schönheit, die Harmonie des Baumes.» – «Könnte man als Lehrer auch so ausdrücken, wäre jedoch etwas verstiegen. *Harmonie* in einem gewissen Alter ein Fremdwort; die Schönheit betrifft in den meisten Fällen nur die Mädchen. Deine Bonsai-Liebhaberei hat etwas Weibliches. Allerdings ist sie nicht auf eine Person bezogen, sondern auf Bäume, was mir wiederum als eher männlich erscheint.» – K fuhr fort: «Es braucht auch den Blick eines Malers, um genussreich mit diesen Pflanzen umgehen zu können. Für die Farben der Blätter oder Nadeln, für die Struktur der Rinde. Dazu der Aspekt der Gesundheit der Pflanze, für die Dosierung von Licht und Schatten sowie Wärme. Die Stämme sind in ihrer Materialität sehr verschieden mit ihren Grau- und Brauntönungen, in der Art der Borke, in Bezug auf die Risse darin, die Streifenmuster, die Rundungen, Quadrate. Und damit haben wir noch nicht über die Form gesprochen, über das Atmosphärische, das der Baum uns verkündet, indem er es ausströmt in seinem Wesen für unsern Blick und unser Gefühl. Ein Blätterpilz als wär's ein Buddha oder ein Baumgeäst in Sturmhaltung. Der untere Stammteil gleicht oft einer modernen

Skulptur, auch mit romantischem Anhauch, mit einem Zauber, der ganz leicht sogar ans Unheimliche grenzen kann. Betrachte meine Zedern. Andere hängen teure Bilder an die Wände, mit dem Unterschied, dass meine Baumbilder der Pflege bedürfen.» «Kaufst du sie teuer?» wollte der Altlehrer wissen. – «Nein, so weit öffne ich nicht mein Portemonnaie», erwiderte darauf K. «In Japan geben sie Vermögen dafür aus.» – «Also, deine Bonsais gehören zur Kunst der Reduktion. Schriftstellern und Bonsaipflege haben dies offensichtlich gemeinsam, muss diesen Umstand jedoch noch präzisieren, denn wenn man Texte, zum Beispiel Romane schreibt, besteht die Haupttätigkeit nicht in der Reduktion, im Streichen, wie man sagt. Das ist eine Folgebeschäftigung, die allerdings mit der Ästhetik des Textes zu tun hat und mit der Qualität. Nicht unbedeutend, was einem einfällt. Dabei handelt es sich mehr um eine Auswahl denn eine Reduktion, stets in der Intention des Ganzen wie bei deinen Bäumchen.» – «Aber meine Bäumchen, mein Lieber, wollen alle gross sein, wenn sie auch klein sind, das heisst in ihrer Kleinheit ist auch die Grösse verborgen, eine Erhabenheit und Würde.»

«Du hast wirklich schöne Exemplare da versammelt.» – «Schau ihn an, meinen Chinesischen Wachholder, der Stamm unter der Laubwolke wie im Zauberwald, mit den kleinen, blanken Ästchen gegen unten. Dieses Gefühl der Weichheit! Oder die dreistämmige Mädchenkiefer, die Azalee mit dem breiten Kronenpilz, die Sicheltanne, der Igelwachholder, der Stamm unten wie ein Minifelsgebirge in hellem Aschgrau. Eine moderne Skulptur. Das umhüllte Gezweig wuscheliglieblich. Der Stamm, dem eine grössere Zeit angemessen ist als dem Übrigen, erinnert aber oft an die Vergänglichkeit, die ja schliesslich das letzte Holzstück in ihrer Weise verbrennt. Die Blätter oder Nadeln erinnern mehr an die Gegenwart, vor allem die Blätter. Jedoch sie erneuern sich stets, so grün, so grün.» Stirnrunzeln des Altlehrers: «Erhält man dabei nicht einen Bonsaiblick? Setzt man sich damit nicht eine Brille auf, eine Bonsai-Brille, welche die Natur stereotyp verändert, den Blick auf sie?»

K meinte, das könnte für einige Momente stimmen. «Die Vorteile überwiegen bei weitem, die Schulung des Blickes auf die Natur. Man muss sich hineindenken, in ein anderes Wesen. Im Fernen Osten reden sie von Sich-Verwandeln in einer Art Metamorphose, aus sich herauskommen, anderes werden. Für mich natürlich nur vorübergehend in der Konzentration auf etwas. Musstest du als Lehrer auch, und wenn man sich mit Kunst beschäftigt, ist das immer wieder erforderlich. Ich liebe besonders die tänzerischen Gesten der Bäume. In meiner Jugend schwärmte ich für Balletttänzerinnen. Die Emotionen sind aber jetzt in meinem Alter nicht mehr so hoch. Mein Wellenschlag ist sanft. Von meinen Bäumen steigt eine gelassene Heiterkeit in mich und umhüllt mich mit dem Gefühl der Perfektion in der Einfachheit, allerdings einer Beinahe-Perfektion. Ein perfekter Baum wäre nach östlicher Ansicht kein schöner Baum. Manchmal sagen sie, es müsse ein kleiner Fehler immer enthalten sein.»

Damit gab sich der Altlehrer zufrieden, lobte zum Schluss noch ein besonderes Exemplar. «Das ist ein Kaskadenbaum.» – «Ja, jedes Gebiet der Menschen hat seine Namen, und manchmal sind es, zum Beispiel in der Wissenschaft, grösstenteils Namen, Begriffe, hier das Exemplar und der Name.» Damit gaben sie sich mit Dank die Hand zum Abschied.

Bäume aus Drähten

Ob er auch mitkommen wolle, hatte der Selfried den K gefragt, er gehe in einen Kurs, er wolle wieder einmal etwas
knübeln, das heisst mit den Fingern arbeiten, und er mache
ihm Konkurrenz mit den Bäumen. Sie stellten nämlich aus
Draht Bäume her und dekorierten sie anstatt mit Blattgrün
mit Halbedelsteinen. Er, K, könnte bestens instruieren, wie
die Äste zu positionieren wären an den Draht-Bonsais. K sagte darauf nur ein Wort: «Drahtesel!» – Er, der Selfried, könne
schon mit ihm konkurrieren, denn er stelle ja bei diesem
Verfahren den Baum eigenhändig her, während er, K, mit seinen Bonsais, die Natur walten lasse. Dieser belehrte, es gebe
dafür viele Eingriffe. Er brauche und es vergehe sicher viel
mehr Zeit, um für den richtigen Bonsai die Form zu finden
als für seine Drahtbaum-Kreation. Seine Bäume seien lebendig, es handle sich dabei um Lebewesen, mit denen man ins
Gespräch komme. Es entstehe dabei ein Geben und Nehmen,
ein beinahe tägliches Geschehen, während eine Metallform
quasi in etwas blockiert werde, zwar nicht für eine Ewigkeit,
aber für ein Etwas, ein Objekt, das dann einmal geformt für
den Rest seines Stillstandlebens schweige. Aber er wünsche
ihm viel Vergnügen für sein Experiment. Mann, oh Mann,
Selfried! Ist ja gut, dass er etwas unternimmt, und sein Baum-
draht wird ihn auch einiges lehren.

Traf ihn eine Woche später im Self-Restaurant mit seinen
Baumkollegen ohne die Drahtbaum-Frauen, die am Kurs in
der Mehrzahl gewesen seien, wie üblich, vermutlich aber eher
wegen den farbigen Steinchen im Geäst. K fragte sogleich,
wie viele Äste sie gesetzt hätten. Etwa zwölf, war seine Antwort. «Viel zu viele!» Das sei eben schwieriger gewesen, als
er gedacht habe. Er habe zuvor einen Schweisskurs serviert

erhalten. Die Bäume kämen ja auf Metallplatten und dürften nicht umkippen, wenn man drankomme.

Er sei froh, dass er keine Lehre als Metallbauschlosser absolvieren müsse, obwohl ihn dieses stark anspreche, mehr als das Holz, aber ihm fehle die ruhige Hand. Er habe zu ruckartig die Schweissnähte gezogen. Einer in der Runde funkte dazwischen, das sei wegen dem Krokodilgehirn, dem ältesten Gehirnteil des Menschen, der stets alles ruckartig vollziehe, so wie die Eidechsen an den Trockenmauern. Und alte Menschen zitterten, weil dieses Krokodilsgehirn mit den Jahren wieder mehr zur Geltung käme, auf der anderen Seite als das Grosshirn der späteren Evolutions-Entwicklung. Der Selfried fuhr fort: Es komme stark darauf an, wie behutsam-ruhig man die Schweissnadel, oder wie immer diese benannt sei, vorwärts oder rückwärts führe. Dazu die richtige Stellung, der richtige Winkel mit dem Apparat. Beinahe wie beim Zahnarzt. Das schwierigste sei, dass man, das Schweissgitter-Schutzschild vor Augen, ausser der grellen Lichtnaht beim Schweissen nichts sehe, eigentlich blind arbeiten müsse. Das gleiche den Lichtern eines Schnellzuges, die man einige Zeit vor dem Erscheinen im Freien in einem Tunnel sehe. Dann ein Gebilde wie beim Bleigiessen, das darauf mit der Schleifmaschine gerade poliert werden müsse mit einem Funkenregen, der aber nicht störe. Jedoch auch hier erwarte einen das Problem, dass man die Maschine richtig halte. Er habe immer nur links geschliffen und poliert und nicht auch rechts. Das *Punkten*, das sei leichter und ergebe ein kleines Hafthäufchen, zum Beispiel am Stamm für die Äste, das Gezweig überhaupt. Aber *pfuschen* dürfe man hier auch nicht, wenn man ein schönes Resultat erzielen wolle. Dann die Prozedur, dass die Halbedelsteine an den Ästen halten, wenn man nicht einen Christbaum als Resultat haben wolle. Es brauche für dieses Handwerk eine sehr sichere Hand. Die Drahtbäume seien unterschiedlich ausgefallen, vom Drahtbesen bis zum kleinen Kunstwerklein.

«Rosten diese Bäume?» wollte K wissen. «Draussen schon, ausser man bestreut sie wie die Wandsprayer, mit Atemschutzmaske als Marsmensch», was einige unternommen hätten, um ihren Baum in den Garten stellen zu können. «Die Natur wird vermengt mit der Menschenware», unterliess K nicht zu konstatieren, mit einer etwas widerwilligen, belegten Stimme. Trank darauf seinen Kaffee aus. Selfried endete seinen Bericht, er habe in einer fernen Stadt an einem Hafen eine Eisenbaum-Skulptur vorgefunden, so gross wie ein Baum. Das sei ein toller Anblick gewesen, fremdartig, aber sehenswert. Der habe ihn dazu animiert. K war unterdessen aufgestanden. Sein Hund Zuzu-Wau unter dem Tisch erhob sich etwas mühsam und gähnend. Da kam K auf die Idee, der Selfried könnte sich bei einem Scherenschnitt-Kurs mit Bäumen anmelden, das würde sein handwerkliches Können noch mehr testen und erweitern. Dieser meinte darauf, da schicke er seine Frau, die habe die kleineren Hände für die spitze Schere und einmal falsch ins Papier geschnitten, könne man nicht löten wie beim Metall.

Die Tiere und die Miniaturbäume

Jaguar und Moritz, nur mit Ausnahmebewilligung und unter Aufsicht in der Baumwaldstube. Ringelt elegant eure Katzenschwänze um die Stuhlbeine, so lässig-unbekümmert. Was der schon sagt, der Mensch, aber er ist für uns Katzen brauchbar, und wir sind schliesslich Chef im Haus. Der Zuzu-Wau als Zubehör, ein gutmütiger Kerl, ja, aber völlig unbegreiflich für uns Katzen. Ihr zwei, kannte mal einen Wau, der war in eine Miau verliebt und heulte, wenn er sie aus den Augen verlor. Eben, in die Katze verliebt, der Hund und nicht ungekehrt. Nein, Moritz, auch wenn du auf mir aufsteigst wie auf einen Bergrücken; auf meinem Gipfel kannst du nicht deine Pfoten strecken, um mit meinen Bonsai-Nadelwischen zu spielen. Immer dieses Spielen-Wollen. Natürlich biegen sie sich nach unten, aber das geht auf keinen Fall. Meine Bäume sind keine Katzenspielzeuge. Und an meinen Baumstämmchen kann man auch nicht die Krallen wetzen wie an den grossen draussen. Kannst noch so unverständig-ungläubig dreinschauen, Jaguar. Bleibst am Boden und der Moritz macht die umgekehrte Himmelfahrt, also Bodenfahrt mit meinem Händelift. Bald kommt eure Köchin und wird Milch servieren. Sie ist hauptsächlich für euch Mietzeschönheiten zuständig, da hilft kein Schütteln heute eures Löwenhauptes; ich habe noch für Zuzu-Wau zu sorgen.

Du Jaguar, kannst *schnusig* und fromm und so gänzlich unschuldig dreinblicken; aber gestern habe ich wieder – oh Graus! – Vogelfedern draussen gefunden. Bist du neidisch, weil die Vögel fliegen können? Würdest du auch gerne. Fliegende Katzen am Himmel – doch lieber Vögel, geschweige denn Drachen. Ist der Instinkt, sagt man, die Natur, der Trieb. Wir Menschen haben auch einen Trieb, aber wir fressen keine Vögel. – Wie bitte? – Ja, vielleicht Hühner, das sind aber Poulets, aber keine Singvögel. – Wie bitte? – Ja, Männer gehen manchmal auf Frauenvögel, auf die mit den schönen Federn, aber nicht auf eure Weise. – Wie bitte? – Euer Miau ist herzlich, das Vogeltrillern fröhlich. – Wie bitte? – Zuzu macht zu viel Lärm? Und will damit immer etwas. Muss seine Unzufriedenheit demonstrieren oder seine Sehnsüchte herauspressen. Immer die Angst, wenn angebunden vor dem Laden, man werde ausgesetzt, vergessen, schmählich, untreu. Nur die Hunde treu. Revolte gegen die lieblose Welt, wau! Aber ihr Tiere, ich kann nichts dafür, dass ihr nur immer im Augenblick lebt, und Elefanten im Haus mit ihrem grossen Vergangenheits-Gedächtnis sind mir zu gross.

Tiere haben beim Menschen die richtige Grösse aufzuweisen. Gut, es gibt Damen, die lieben grosse Hunde, aber die sind meist auch grosswüchsig, so, dass sie nicht umgeworfen werden können vor euren Ansprüngen. Kleine Tantchen haben Minihündchen, wie ich die Bonsais, oder die Filmstars mit ausgefallenem Aussehen. Das besondere Exemplar Mensch braucht ein besonderes Exemplar Hund. Ich bin zwar nicht gross und liebe doch kleine Bäume. Man kann die Analogie nicht auf die Spitze treiben. Voilà! Also, Jaguar und Moritz, jetzt pfotet ihr wieder raus. Ist ja nett, wenn ihr mir Gesellschaft leistet. Ist gegenseitig. Habe die Köchin in der Küche gehört. Ihr nicht? – Aber Türe auf, und ihr pfeilt, als wär's ein Hürdensprung hinaus zum Futternapf. Mahlzeit!

Sagen und Märchen

Der verwunschene Park bei der Pfannenburg, hinter dem imposanten, aber verschlossenen Schmiedeeisentor mit den schwarzen Eisenrosen. Geheimnisse. Was sich wohl dahinter alles abspielte. Der Elfentanz vermutlich morgens um vier Uhr, wenn wir noch schlafen. Wir Menschen sind nicht überall erwünscht. Im Hintergrund ein Gärtnerhaus, nur durch eine Dachpartie hinter den Bäumen feststellbar. Vielleicht noch mit einem Gärtner, welcher der wilden Natur des Parks immer wieder *dreinpfuscht* und sie nach seinem Menschenwillen arrangiert, immer wieder, weil sie sich wehrt und sich dies nicht gefallen lässt und sogleich mit ihrem Wuchswillen alles korrigiert. Das Herrschaftshaus oder gar Schloss mit den üblichen Türmen und Türmchen höchstens in der Phantasie vorhanden, wenn real vorhanden ziemlich sicher im Dornröschenschlaf. Die Märchen und Sagen hinter den Schlossfenstern, zusammengekauerte Schattengestalten. Die Schatten der Menschen sind anders als die der Bäume und Sträucher; sie verschönern durch ihre Wechsel von Hell und Dunkel und den Streifenmustern noch die Naturschönheit und arbeiten alles plastisch heraus zum faszinierenden Anblick, nicht nur für die Landschaftsmaler. Die Mauern und Schatten jedes in den Sinnen vorgestellten Schlosses sind von den Menschen behaftet und ihren Schicksalen. Es hatte stark gewindet und Unwetterböen hatten einiges abgetrennt, koboldartig runtergeworfen. Grössere Äste und Zweige lagen am Boden, kleine dunkle Ungeheuer, endgültig weg vom Baum des Lebens, aber stets mit Nachfolgern oben.

Unterhaltung nicht nur am Fernsehen. Der örtliche Kulturverein hatte eine Märchen- und Sagen-Erzählerin engagiert, und sie erzählte, raunte, modulierte ihre Stimme, laut, leise, hoch, tief, zur Wehmut, zur Dramatik. Sie zeigte ein breites Gesicht zwischen langen Haaren, das sie in verschiedenster Weise formte, eine Kinoleinwand, worüber ihr Sprachinhalt flimmerte. Sie beschwor Geister, Arme Seelen, Engel und Teufel, die ihr beim Erzählen Gesellschaft leisteten in ihrer ungeheuerlichen Welt.

Glücklich die, als sie starb, dass sie nachts die frierenden Armen Seelen jeweilen in ihre warme Stube gelassen hatte, damit sie sich hatten aufwärmen können. Sie wurde durch eine Lichterprozession in der Ewigkeit empfangen, Flämmchen hinter Flämmchen sonder Zahl. Anders die Jenseitsvorstellungen bei Frau Holle, der alten Göttin, die, ähnlich wie die griechischen Götter manchmal, neidisch war, weil eine Erdenfrau über eine Apfelplantage verfügte, die schöner war als ihr himmlischer Obstgarten. Sie musste in ihr Jenseits geholt werden, damit sie ihre Apfelbäume pflegte und ihr Garten mindestens ebenso schön sich entwickeln würde. Doch die kluge Frau überlistete immer wieder den Todesboten der Frau Holle, der sie ihr längere Zeit nicht holen konnte, bis ihr zugesagt wurde, dass sie nur probeweise ihren Obstgarten hegen müsste, und wieder zurück konnte, wenn sie wollte. Als sie einmal oben aber vernahm, dass sie in eine schöne junge Frau verwandelt würde für ewige Zeiten, da war dies ihr mehr als recht, und die Erdenfrau rief aus: «Warum habt ihr mir dies nicht früher gesagt?»

Die Erzählerin verwandelte sich in ihren Geschichten, stieg quasi in sie hinein, nahm etwas von ihrem Wesen an und erwachte am Schluss wieder aus ihrem Anderssein, als wär' sie die Frau vom Obstgarten, die immer wieder auf die Erde zurückkehrte. Wegen ihrer Erzählmelodie wusste K nicht, ob er nun als Kind vor einer Märchentante sass oder als Erwachsener. Er wusste, dieses Erzählen hatte bereits bei den Höhlenbewohnern begonnen. Aber ob diese bereits von Teufel und Armen Seelen berichteten, war zu bezweifeln, vielleicht aber von Göttern wie von der Frau Holle. Es schneite ja des öftern in der Eiszeit; die Schneegöttin stand vor der Höhle.

Es ist schön, wenn man in Märchen und Sagen die Welt etwas gerader rückt, und meist ist es ein Junge, der dies tut. Mädchen halten sich mehr an das Überkommene, doch ist der männliche Anteil auf unserer Kugel mehr für die schräge, krumme Erdachsenstellung verantwortlich. Da gab es also einen Jungen, der sich aus Not von zwei Hexen als Laufbursche anstellen liess. Natürlich wusste er vorerst nicht, dass er sich zwei Hexen beigesellte. Das merkte er erst, als er sie nachts sagen hörte: «Wo stellen wir den Eiskübel hin, ins Ober- oder Unterland?» Der Junge schaute durchs Schlüsselloch und stellte fest, dass sie den Kübel vor die Tür zum Oberland stellten. Und er war vom Oberland. Also schlich er sich, als die beiden schliefen durchs Fenster – die Tür war ja verriegelt – zu ihnen hinein und stellte, dank einer plötzlichen Eingebung, den Eiskübel unter ihr Bett. Am Morgen hörte er nichts mehr von den beiden; sie ruhten in einem Eisklotz, verwandelt. Seither gab es weder im Unter- noch Oberland je noch Frost in der Nacht, aber es gedieh dafür guter Wein. So verbessert die Märchenerzählerin die Welt. Und wer nichts hat, der erfindet das Paradies.

Weil der Mensch sich nicht selbst genügt, steigt er immer wieder in andere Leben und sammelt für sich weitere Leben, bei der Lektüre, im Film, und die Mira sammelt bei der Nachbarin über die andere Nachbarin. In andere Leben steigen wie ins Wasser im Sommer beim Baden. Applaus!

Es war einmal ein kleiner Bonsai-Baum, der wanderte lange über Land, um einen Meister zu finden, der ihn mit grosser Kunst zurechtschnitt, denn er wollte ein Kunstwerk werden …

Beim Sammler-Ehepaar

«Besuchen wir doch wieder einmal den Franz Xaver Heilgutbaum mit seiner Frau Mathilde, geborene Schöndorf», hatte der Altlehrer, im Ernst oder im Spass, zu K gesagt. Wie er es wirklich meinte, konnte K bei ihm nicht eruieren. «Beide sind interessante Personen, beide sind Sammler und wollen ihr Gut immer wieder auch den andern zeigen, weil sie gesellig sind und gerne reden, der Franz Xaver mit seinen Besuchern, die Frau Mathilde mit den Frauen auf den Strassen oder in den Läden. So war es gekommen, dass die beiden sich vor dem Hause trafen, klingelten und von der Hausdame wie üblich empfangen wurden. Der Herr Heilgutbaum würde dann etwas königlich inmitten seines Sammlerrevieres auf seinem Louis XV-Sessel sitzen und warten, bis die Herrin, in der Rolle des Herolds und der Hausdienerin, sie hinauf begleitet hätte zu des Gatten Sammlerheiligtums, und genau so verlief das Zeremoniell. Doch zuerst paradierten die beiden am Sammlergut der Frau Mathilde vorbei, ohne Erläuterungen, aber mit Augenscheinwerfern. K interessierte sich zum Teil mehr für die Sammlung der Frau als für diejenige des Hausherrn. Die Frau wusste, dass es für sie keinen Sinn machte, ein Gespräch mit den beiden Gästen zu beginnen, denn er übernahm sogleich bei ihrer Übergabe die Eingeladenen auf Anfrage. Sie teilte lediglich mit, sie habe ihren Hund vorübergehend in die Speisekammer spediert, für ihre, der Gäste, Sicherheit, nicht aber für die eventuellen Würste dort. K war etwas ärgerlich gewesen, weil er seinen Zuzu-Wau nicht hatte mitnehmen können, der ebenfalls beim Abschied eine beleidigte Hundemiene aufgesetzt hatte. Der Köter des Sammlerehepaares war zu angriffig, musste er doch so viele Kostbarkeiten, nach Meinung der Hausbewohner, bewachen.

Finstere, arbeitsscheue Gesellen könnten da, einmal des Gutes habhaft, manches *verkitschen* ohne jede Wertschätzung.

Das Haus dieses Ehepaares war wie in zwei Teile aufgetrennt, wie in einem Schloss gewisse Seitenflügel den Prinzen oder Prinzessinnen als Apanage zugewiesen werden. Zuerst die Kammerflucht der Hausfrau und Mutter mit den zwei Töchtern, dann die Treppe hoch und höher das männliche Revier, allerdings ohne Rauchsalon. Er brauchte seine Moneten, um wieder Neues an Auktionen etc. erstehen zu können, und das war nicht billig, allerdings auch nicht so teuer wie üblich, da es sich bei ihm um kirchliche Kunst handelte. Aber in einer Kirche ging er nie; die hatte er ja im eigenen Haus, vom Gottvater bis zu der kleinen Schar seiner Heiligen und Engel in geschnitztem Holz, meist bemalt, nicht immer, in barocker Tournüre oder gotisch eher steif.

Seine Frau war eine Sammlerin mit kleinen, gediegenen Portionen, die sie an ihre Wohnungswände heftete oder in Gestellen zur alltäglichen Schau aufstellte. Betrat man den Korridor, musizierte es stumm an der Wand mit einer beachtlichen Reihe von Flötenhölzern, als wär's eine alte, frühantike Schrift, mit Maultrommeln, kleinen Dudelsackpfeifen, Rasseln, Schellen, Glocken, Glöckchen verschiedenster Art, vom Zirkus, von der Ziegen- und Kuhweide, Miniaturtamburins, Kastagnetten. An einer speziellen Wand ihre Rebmesser und -sicheln, die gebogenen Schneideteile nach links und rechts ausgerichtet. Da gab es aber auch kleine Tiere und Engel aus Holz, bemalt, mit südamerikanischer Herkunft. Man konnte also in ihrem Wohnrevier über die verschiedensten Kontinente reisen. Es fehlten auch nicht die Krüglein, dazu mindestens drei Gläserwälder in den Etageren. Und ganz hinten bei der Tür zu ihrem Mann die Meereswelt mit den verschiedensten Muschelformen, Korallenteilen, den Häusern der Schnecken sonder Zahl, vielen unbekannten Schalentieren, aber natürlich nur noch mit der Schale.

Nein, Haifischzähne hatte sie nicht an der Wand, auch keine Kugelfische. Eine kleinere Sammlung von Kerzenständern und Öllämpchen, ein Welt- und Formenreichtum an ihren Wänden. Das Mobiliar dazu passend rustikal. An einer Wand dazu ein grosses Ölgemälde von einer Wolke mit Falten, als bestehe diese aus zusammen gefalteten Leintüchern, die Gestaltung stark durch die Schattierung. Und selbstverständlich auch Keramik, bäurisch, indigen, mit rudimentärem Dekor, Blätter, blaue Zwetschgen angedeutet, Bauernblumen.

Einmal im Kabinett angelangt, erhob der Hausherr sich von seinem Goldsessel, der leicht abblätterte ohne die nötige Restauration, aber ein Sessel war ja keine Statue mit Heiligenschein, den man sich allerdings meist dazu denken musste. Ein grosser Tisch mit Büchern, Mineralwasser und Weinflasche, die wenig später mit einigen Entschuldigungen für die Störung die Hausfrau auf den Schiefertisch stellte, mit einem lautlichen Anschlag, bevor sie sich gleich wieder zurückzog. Da gab es noch einen Flügel, schwarz, einen grössern Fernseher, eine Stereoanlage ausser Betrieb und den speziellen Hausgeruch, nicht von den Teppichen oder Bewohnern, sondern vom Sammelgut und seiner Konservierung.

Aber vorerst war von diesem nicht die Rede, sondern wegen den exilierten Hunden sprach man über die Tiere, über die Menagerie, wie sie in der letzten kurzen Zeitspanne in der Weltpresse sich mit ihren Stories hatte manifestieren und das Interesse bei den Medienleuten hatten erwerben können. Diese Präliminarien konnten indessen noch nicht richtig die Hirne bestücken. Der Hausherr redete über seinen Bravo, eine teufelsschwarze grosse Deutsche Dogge, mit Geifertropfen auf dem gewichsten, gut gebonerten Parkettboden, gemäss Erinnerung von früher. Ja, ein guter Wächter und dann … Eben die Tiergeschichten aus den Zeitungen: Da war ein kleiner Junge vor seinem Haus, der wurde von einem bösen Hund attackiert, der ihm gleich in die Wade biss, aber die

Hauskatze sprang nun herbei und stürzte sich auf den Köter, dass dieser das Weite suchte, wollte er doch nicht seine Feindin auf der Nase sitzen haben. Und die Kohlraben sind intelligent, werfen Nüsse auf die Autobahn, lassen die Laster darüber rollen und holen sich darauf die Kernen. Unglück hatte ein Krokodil, denn eine sehr, sehr beleibte Dame war auf sein Rückgrat gefallen, was beim armen Tier eine Magen-Verstimmung verursachte, doch erholte es sich glücklicherweise wieder. Der dicken Mamsell war ausser dem Schock kein weiteres Übel geschehen. Dann fuhr eine andere Frau in einem Eisenbahnabteil mit einer Katze. So hatte sie das Tier deklariert, aber die Katze war in Wirklichkeit ein kleiner Tiger der grössern Art und als sie ihr Tierchen frei liess im Abteil, musste sie sich daraus retten. «Mein seliger Wuschi, der kleine Fox, den wir früher neben unserem Grossen hielten, war auch sehr schlau. Er schubste die Knochen mit gekonntem Tatzenschlag, als wär's eine eigene Sportart, vom Grossen weg gleich unter das Sofa, so weit nach hinten, dass nur er ihn holen konnte, nicht mehr unser Grosser.»

Da sass man nun also in seinem Kabinett. K spürte von seinem Sessel eine Sprungfeder, die wohl endlich fortspringen wollte. Blick einerseits auf eine Vogelterrasse, anderseits in den Sammlungsraum, in dem die fixierten Barockgesten im Dämmerlicht waberten. Der Franz Xaver Heilgutbaum, bekannt als ein Grübler, ein in die Welt Bohrender, um stets festzustellen, wo der Wurm sitzt, die Raupe, – die sich in einen pracht- und lichtvollen Schmetterling verwandeln kann, was er aber nicht gelten liess. Sein Grundtenor war die Enttäuschung über die Welt, dazu eine diffuse Existenzangst, und immer wieder die Frage, ob beim Tunnel des Todes auf der anderen Seite ein Ausgang wäre, oder ob sich der Tunnel als Loch erweisen sollte. Weiter stellte er sich die Frage, ob wir lediglich Befehlsempfänger seien, Hilftskräfte ungekannter, ungewisser Kräfte, mit Kündigung durch den

Tod. Er habe die Heiligen und Engel gesammelt, weil ihm dies, wie er glaube, aufgetragen worden sei, warum wisse er nicht. Die Umwelt reagiere aber meist unvorteilhaft bei solchen, mysteriösen nun ausgeführten Aufträgen. Die beiden Gäste wussten, dass er mit Vorliebe lästerte und versuchten, ihn abzulenken; es nicht so weit kommen zu lassen, und ihn auf andere Gesprächsbahnen zu lenken. Sie kamen sich wie Weichenwärter vor. Er hatte etwas vom Gregor Werle aus Ibsens Drama «Die Wildente». Immer seine Wahrheitsbefragung, was müssig war; insofern war er ein Schwieriger und etwas unzugänglich. Darum war wohl seine Frau Mathilde so schnell verschwunden; sie wollte nicht dabei sein, wenn er wieder seinen Pechkübel ausleerte. Mildtätigkeit verspottete er. Wenn die in Brasilien Geld erhalten, arbeiten sie nicht mehr. Er war längere Zeit dort gewesen, um viel zu arbeiten. Ein Choleriker. Wollte in seiner Jugend katholischer Pfarrer werden, was man ihm verunmöglicht hatte mit der Begründung, er sei zu sexuell; alle Marienkinder hätten bei ihm als Pfarrer Kinder bekommen. Mit dem Alter hatte er dies eingesehen. Er habe dann anfänglich mit einer Frommen Bekanntschaft gepflegt, sich schliesslich von ihr getrennt, da sie doch lieber in die Kirche gegangen sei, als mit ihm zu spazieren. Da sah man, dass mit seinem Priesterwunsch keine Aufwartung gemacht werden konnte. An diesem Nachmittag schienen die Befürchtungen, die in allen steckten, hingegen eher überflüssig; er war seltsam milde gestimmt, polierte aber sein Weltwissen auf.

«Was tust du?» fragte der Franz Xaver Heilgutbaum seinen Gast K. «Ich weiss, der Herr Altlehrer korrigiert immer noch, teils in seinem eigenen Oeuvre, aber du?» K antwortete: «Ich ermögliche es einigen Bäumen auf meinem Stubentisch zu leben, und meine Tiere haben es auch gut. Mein Baumwald ein Gemütsplatz auf dem Tisch, eine Naturschönheit. Kann keine schöne Frau mehr heiraten.» − «Pah! Die leben doch auch ohne dich», meinte er. «Das stimmt und stimmt nicht.» – «Bist auch wie ich ein Sammler. Jedoch deine Bäume sind stumm; meine Statuen sprechen manchmal, auch krauses Zeugs, zugegeben.» K korrigierte: «Ich bin eigentlich kein Sammler, eher ein Ästhet wie du, aber in Bezug auf die Natur und etwas mehr auf die Realität.»

«Pah! die Realität? Das, was das Auge sieht und uns die Naturwissenschaft erklärt. Es gibt die Realität der Philosophie II, aber vermutlich gibt es auch eine der Philosophie I, das heisst eine Realität des Geistes. Meine Vermutung. Habe etwas auch darüber gelesen», und er hob kurz ein dickes Buch vom Tisch. Wenn etwas quasi am Anfang keine Realität besitzt, aber von den Menschen Hunderte von Jahren geglaubt wird, dann muss man eventuell damit rechnen, dass die andere Realität, in der Philosophiestufe I, höher schwingend, sich zur Realität II, eben der Naturwissenschaftlichen, aufschwingt. Oder, wir wissen es nicht, besteht die Realität zuerst auf Stufe I und wird dann in einer Metamorphose zu Stufe II, eine sich realisierende Realität. Das alles könnte im Zusammenhang stehen mit einer jenseitigen, rein geistigen Realität, – der Philosoph Platon hat dies schon früh angesprochen – falls ein Jenseits überhaupt existiert mit einer geistigen Welt.» – «So noch nie gehört», bemerkte der Altlehrer.

Es war Zeit, dass der Franz Xaver sich nun *en passand* wieder, etwas mehr dem Altlehrer zuwendete. «Habe gehört, du schreibst einen Roman», posaunte er nun heraus und erhob endlich sein Glas mit dem Rotwein, um anzustossen. Er konterte und schien zugleich zu bestätigen, ja er schreibe, einen Roman, einen Bonsai-Roman. Gelächter. «Gehst bei ihm in die Bonsai-Lehre», auf K zeigend. «Aber einen Bonsai-Roman kann man nicht schreiben, höchstens über einen Bonsai oder über den Bonsai-Liebhaber, die Bonsai-Liebesgeschichte. Wirst scharf beobachtet», sagte er zu K. «Warum?» – «Ein Bonsai-Roman hätte wenig Äste, ein Roman besitzt viele und ist stark verzweigt. Ein Bonsai-Gedicht wäre möglich.» – «Hast recht», gestand der Altlehrer. Retourkutsche: Er habe sie nur etwas verblüffen und zum Lachen bringen wollen.

Darauf geriet der Hausherr wieder ins Philosophieren. Die Sprache werde doch manchmal etwas überschätzt, eine Folge der Reformation, sicher mit vielen Vorteilen. Aber das Nonverbale sitze zu wenig in unserem Bewusstsein. Allerdings müsse ein Poet stets, indem er schreibe, auch Bilder produzieren, wenn er ansprechend sein wolle und nachhaltig. «Ein Bild spricht die Menschen oft mehr an; seine Aussagen liegen im Sprachlosen, obwohl manche dies als Anlass nehmen, ihren Sprach-Wasserfall an Erklärungen und Beschreibungen daraus fliessen zu lassen. Ebenso versucht man den Wein, ein Parfüm etc. mit Sprache zu definieren, mit einem grossen Rest. Ein Geschmack, eine Farbe, eine Musik, so viel ist eigentlich wortsprachlos und verbleibt mit fehlenden Begriffen. Die Sprache der Eltern gegenüber den Kindern in Bezug auf das Verhalten, das Vorbild etc. Vor lauter reden vergessen wir, was alles nicht mit sprechen ausgedrückt werden kann. Ein Pantomime, bitte!» – «Ja, unsere menschliche Existenz ist aufwendig und komisch», antwortete darauf K.

«Wenn man jung ist, erscheint einem das meiste als selbstverständlich. Jedoch mit dem Alter fragt man sich und findet manches seltsam, dass man zum Beispiel bei Dunkelheit schlafen geht und wir Alten auch noch nach dem Mittagessen. Dann diese ewige Esserei in unserer Existenz.» Franz Xaver erhob sein Glas und trank. «Das ganze Brimborium darum herum, immer auf Kosten anderer Lebewesen. Noch verrückter die Meinungen der Leute. Es gibt einige, die haben quasi jeden Morgen mit Gott, dem Hausabwart, vor der Haustüre ein Gespräch. Und natürlich heisst es *Rasen nicht betreten!* Sie behaupten die unsinnigsten Dinge; dies das Resultat, wenn man etwas nachdenkt und nachforscht. Und diese unsinnigen Dinge sind für viele andere ansteckend. Für einige ist zum Beispiel der Heiland der Krankenpfleger.» – «War er auch gemäss Bibel, von mir aus sympathisch, aber …» – «Davon haben wir doch vorher schon gesprochen, von der sogenannten geistigen Welt, die es bis zur Realität bringt oder umgekehrt.»

Sprechpause. Am Wein nippen, denn er schenkte nicht nochmals ein. Die eine Tochter kam kurz herein und vermahnte den Vater, er müsse dringend noch auf die Post. Darauf die Frage, ob sich die Töchter für seine Sammlung interessierten. «Nein, mehr für den Wandschmuck meiner Frau. Schmücken, sich schmücken, die Frauen.» – «Aber deine Figuren sind interessant», beruhigte der Altlehrer. «Es haften viele Erinnerungen an ihnen.» Der Hausherr nahm dieses Thema sofort auf. Ja, es handle sich um Erinnerungsträger, wie bei Bildern, von allem Anfang an, um Repräsentanten. «An jedem haften mindestens zwei Erinnerungs-Schatullen. Im einen nehmen sie Bezug auf ein Menschenleben, das sich ereignet haben mag mit Ort, Zeit, Zeitgeschichte, mit Handlungsabläufen, mit zum Teil Vorbildscharakter oder mit Zeichen einer besonderen Hoheit in einer Existenz, wie etwa bei meinem Heiligen Engel Michael mit der Waage. Im andern durch den Künstler, der sie angefertigt hat, wieder in einer Zeit, mit einem besonderen Umfeld. Und sie sind durch Attribute gekennzeichnet, eine Wissenschaft für sich», und er erhob einen anderen dicken Band vom Tisch. «Schliesslich die Geschichte des Weges, den das Kunstwerk erfahren hat bis zu mir.» – «Und nun hängt noch etwas von deiner Person als Sammler daran», fuhr der Altlehrer fort. Erneutes, beinahe befreiendes Lachen nach der vielen Gelehrsamkeit. «Jede Statue stammt aus einer fortgesetzten Erinnerungsarbeit, inhaltlich und künstlerisch.» Schlussrede. Auf die Post! Man stand auf.

Der Rückzug mit höflichem Dank. Er werde seine Sammlung einmal nach Amerika verkaufen, dort zeigten sie Interesse.

«Wo hast du deinen schönen Engel?» fragte K. «Umgetauscht gegen den Heiligen Josef.» Vorbei an der stumm redenden *Heiligenstatuen-Population*. Manchmal von einem Leid verdreht, die Hand am Herz. Die Märtyrer, die wegen der Nichtbefolgung der staatlichen Konvention in der Römerzeit ihr Leben liessen und alle Erwartungen ins jenseitige *Nichts* setzten. Ein Fehl-Verhalten und deswegen in Holz geschnitzt. K fand manches Gesicht etwas unheimlich. Lieber seine Bonsai-Bäume. Draussen. Lächeln. Abschied. Der Haushund bellte wie verrückt.

Erneut auf der Parkbank

Auf seiner Bank im Park sass bereits ein dicklicher Mann mit einer ebenso dicken Tasche, aus der er ein dickes Buch entnahm mit dem Titel «Inferno» in Flammenschrift. Ein Ruck an der Leine. Zuzu-Wau wollte bereits unter die Bank. Doch bei der nächsten hatte K auch kein Glück, denn dort sass der Sonderling Gitzigatzi, der etwas *toc-toc* war und ihm das letzte Mal verkündet hatte, er habe seinen Namen ausradieren wollen, aber ein Rabe habe seinen Radiergummi gefressen, worauf K zurück fragte, ob er denn wisse, wie er heisse. Endlich, die übernächste Bank war frei, befand sich jedoch gerade unter dem Blauglockenbaum, dessen Blüten wie Bergenziane, aber grösser und nicht so herrlich blau, ihm nun auf den Kopf fielen. Er hatte schon einige von der Bank weggewischt. K sah, wie der Gitzigatzi zu ihm herüber späte und schaute geflissentlich auf die andere Seite. Die Parksterne standen heute nicht günstig. Aber deswegen musste der erste Bankbesetzer nicht über das Inferno lesen im wohlbehüteten, paradiesischen Park. Oder genoss er so sein Wohlsein noch mehr? Schön das Leben in einer Parklandschaft und unter Bäumen, ja die Bäume! Die hatten es ihm angetan. Neulich hatte er für sich den Satz aufgeschrieben: «Auf der Welt gibt es Bäume und dazwischen leben noch ein paar Menschen, im Urwald sind es die Affen.» – Als K das Haus verliess, war wieder einmal seine Mira ihm entgegen gesprungen und wollte ihm über ihre Krankheit berichten. K wandte den Kopf. Nein, er wolle keine Krankengeschichten hören, Krankheit, das sei kein Thema für Geschichten bei ihm. Man sei krank, voilà, eine Realität, die sich hoffentlich bald wieder ändere, aber darüber zu erzählen, gebe den Krankheitsbietern nur noch mehr Nahrung. Er wisse, es gebe dabei sogar Extremfälle, dass sich Menschen über ihre Krankheit in ihrer

Existenz definierten. Mira Guck machte ein Gesicht, als wäre K ein Phantom. «Es ist nicht gut, wenn Krankheit ein Besitz ist», doppelte K nach. Sein Wau zog wie verrückt an der Leine und K begann mit seinem Spazierstock zu pendeln, dem hellen und zugleich knorrigen mit den Gesichtszügen einer Frau im Kopf. Sie sah es ein, dass K kein Abnehmer ihrer Krankengeschichte war, unmöglich, sie bei ihm zu deponieren. Verzog sich mit kurz-schnippigem Gruss hinter ihre Türe und seufzte über die Mannsbilder ohne Herz im Leib.

Einmal auf der Parkbank unter dem Blauglockenbaum war die Mira vergessen. Anderes ging ihm immer noch durch den Kopf. Das Phänomen des Sammelns, des Sammlers. Natürlich gehörte eine besondere Fixierung dazu. Er liebte die Bäume; aber sie zu sammeln, wäre ihm nicht in den Sinn gekommen – oder? Er stellte seinen Tischwald zusammen, quasi als Naturdekorateur und musste ihn immer wieder besorgen und pflegen. Frau Mathilde Heilgutbaum musste ihre Gläser abstauben, vielleicht von Zeit zu Zeit abwaschen im Rahmen ihrer Hausbesorgungen. Dasselbe galt für die Figuren ihres Mannes Franz Xaver. Da schien es K doch, als spiele bei ihm der Besitz eine Rolle als eine Aufbesserung seines Ichs. Sich noch etwas an die Person hängen, um ihr mehr Gewicht, Kredit, Ansehen zu verleihen. Der Sammler in Symbiose mit seiner Sammlung. Aber warum die Heiligenfiguren? Andere sammeln Uhren, Werkzeuge, Dosen, Briefmarken … War der Franz Xaver doch fromm? Wollte er seinem Gegenüber zeigen und darauf hinweisen, dass ein gottergebenes Leben das Richtige wäre? Aber er als Lästerer führte alles andere als ein gottergebenes Leben, doch die Nichtlogik bestimmt ja das Leben. Franz Xaver wohl die Erscheinung eines Patriarchen, die begabt-gescheite Frau Mathilde ihm untertan, schon wegen seinen Wort-Schwertern. Ein Jeremias mit den Jeremiaden, noch ohne der Gedanke einer Erlösung durch einen Messias. Die Heiligen kommen alle in den Himmel,

und der Herr Franz Xaver Heilgutbaum hat dort einige Für-
bitter für seine arme, geschlagene Seele, wenn er schon ihrer gedenkt mit seinen Statuen, was in unserem Jahrhundert
wohl Seltenheitswert besitzt. Ja die, welche sich für andere
Menschen aufopferten. Einen Heiligen Franz hatte er nicht.
Tauscht einen wunderschönen Engel gegen einen Josef, eine
derart blasse Figur. War er gegenüber seiner Familie ein guter
Josef? Wohl kaum. Die Töchter gingen in den Landdienst
statt in die Ferien, weil Papa wieder einen Heiligen kaufen
wollte. Diese Vermischung von Realität und Nichtrealität!
Und dazu ein Kontrastprogramm. Aber von was hatten sie
denn überhaupt miteinander geredet?

Wie war das mit der Bemerkung des Altlehrers, er schreibe einen Bonsai-Roman? Nein, die Bonsaikultur hat nichts
mit einem Romangefüge zu tun, ein Roman besteht aus
manchmal wirrem Geäst, und seine Qualität liegt nicht unbedingt in den Proportionen. Anders vielleicht bei einem
Theaterstück oder einer Oper. Ein Roman ist ein Haufen
von Herbst-Blättern. Was gelebt hat, wird mit dem Rechen
gesammelt des Schriftstellers, quasi am Boden und in den
Kübel verfrachtet zwischen den beiden Buchdeckeln. Aber K
sass unter dem Baum mit den fallenden Frühlingsblüten. Eine
Alpenwanderung sollte er wieder einmal unternehmen zum
Blau der richtigen Enziane.

Nun schlurfte der komische Gitzigatzi daher, bei ihm
vorbei und wünschte ihm Frohe Weihnacht. K erwiderte:
«Frohe Pfingsten, damit der Heilige Geist als Vogel sie um-
flattere!» – «Die Amseln haben meinen Radiergummi gefressen.» – «Nein, die schwarzen Raben, Kollega!» – Zuzu-Wau
reagierte richtig, denn als er sich nähern wollte, schoss er
unter der Bank hervor und verbellte ihn, worauf er mit einem Flattergruss davon wankte, wohl in die nächste Beiz für
seinen Schnaps und Most.

Briefe schreiben, Bäume pflegen

Mein Lieber,
hatte vergessen, dir zu sagen, dass ich das so wichtige Buch
über die Realität mit den verschiedenen Ebenen, der sichtba-
ren und der geistigen Welt dir gerne ausleihen würde. Willst
du es aber selber erstehen, so lautet die Anschrift: Prof. Dr.
Xaver Franz Schauderduft, Universität Bautzen, «Über die
Realität», Bautzdannen 2013, Knöchelmasser-Verlag. Danke
für euren Besuch und gute Zeit
Franz Xaver Heilgutbaum.

Einen Brief erhalten, und einen Brief schreiben sollte er schon
längst. Dem Franz Xaver wollte er noch nicht antworten, der
konnte noch warten. K hatte nicht im Sinne, sich eingehen-
der mit der Realität, aus den *Denkkapriolen* eines Professors
heraus, zu beschäftigen, sondern sie zu leben. Schrieb also,
das lag ihm näher, an einen Bonsai-Freund die folgenden
Zeilen:

Holunderstatten beim Bonsaiwald, im Monat Mai

Mein Lieber,
Du hast dich bei mir über die Bonsai-Bäumchen erkundigt.
Ja, es gibt einiges zu berichten, über den Standort, giessen,
düngen, die Erde, das Umtopfen, endlich die Formgebung.
Und man sollte etwas wissen über die Entrindungstechniken
und die Wundversorgung, geschweige denn über die Gestaltung, das Kunstwerk Bonsai, indem man, wie du bereits
erkannt hast, Natur und Kunst miteinander verbindet. Man
gestaltet die Form mit Schnipsel und Scheren von unten
nach oben, stützt bei schwachen Zweigen oder Stämmen

81

vorübergehend mit speziellem Draht. Unterschieden werden drei Arten von Bonsai nach dem Standort: der Zimmerbonsai, bei dem die Temperatur nicht unter 15° sinken sollte, die mediterrane Kalthauspflanze von 0° bis 15° und der Freiluftbonsai, nicht unter −5°.

Der Formschnitt bringt eine Auffrischung der Lebenskraft. Dadurch soll auch die Transparenz der einzelnen Astteile erreicht werden und der Eindruck, der Baum könnte mit seinen Astschwingen eigentlich wie ein Engel fliegen.

Weiter gibt es noch die Unterscheidungen bei der Stammhaltung. Man spricht dabei zum Beispiel von *aufrechter Form*, streng gemeint, von *freier aufrechter Form*, von *windgepeitschter Form*, *Besenform*, *Kaskadenform*. Wichtig ist das Asymmetrische im Gegensatz zum Symmetrischen, was auch Ein-sich-Öffnen suggerieren soll sowie heitere Gelassenheit, Bereitschaft, klein, aber mit Würde, Ruhe, ja der Bonsai ein Kokon der Stille.

Ersteht man sich einen Bonsai, so stellt er einem dauernd Fragen. Die kommen also durch seine Anwesenheit. Als Buch für die Auskunft besitze ich vom Horst Stahl, im Kosmos-Verlag, «Bonsai, vom Grundkurs zum Meister». Viel Freude an der Natur und in Anwesenheit des Menschen wünscht Dir …

Morgen vielleicht noch weiter schreiben oder nach der Unterschrift auf die Post.

Kohlaborateurinnen

Sie könne ihm heute das Nachtessen nicht servieren, sie müsse an die Generalversammlung der Kohlaborateurinnen. Er solle sich eine Suppe wärmen. Schnittlauch sei bereit in einer Büchse. Wie bitte? – K fragte, wie sie denn das hässlich-lange Wort schreibe, mit «h» oder mit zwei «l»? – «Wohl mit «h», meinte die Frau Besorgerin. Sie müsse auf der Einladung zuerst nachsehen. Was denn dies für ein Verein sei.– Sie kämpften für die Gleichstellung von Mann und Frau, also der Frau gegenüber dem Mann, endlich, endlich! Dafür sei er auch, obwohl doch immer noch in der Regel – doch diese Regel mit vielen Ausnahmen – der Mann, weil er ja für Frau und Kinder arbeite, mehr verdienen sollte. Die Frau sei im Arbeitsprozess öfters die Ergänzung. Die Frieda von Fritschi schaute schief, erhob ihre Kraftstimme und fragte vorwurfsvoll: «Wer bringt die Kinder auf die Welt und erzieht sie?» K beruhigte mit der Hand wie ein Dirigent das zu laute Orchester.

«Aber gute Frau, warum habt ihr einen solch komischen und falschen Namen?» – «Das ist unsere Bezeichnung am Ort, aber wir sind mit dem ganzen Land vernetzt.» – «Der Ausdruck, den ihr verwendet, ist üblich im Sinne von «Kollaborateur», was bedeutet, dass einer mit dem Feind zusammenarbeitet. Sind denn die Männer eure Feinde» – «Eigentlich nicht.» Es sei vermutlich mit «h» geschrieben, und im Ausdruck stecke doch das Wort «Arbeit», miteinander arbeiten, und er, K, müsse doch wissen als ein Kopfmensch, dass auf der Erde hauptsächlich die Frauen arbeiteten und die Männer spielten. «Aber nicht in unserem Ort Holunderstatten, Frau Fritschi; es kommt sogar vor, dass der Mann arbeitet und die Frau auf der Strasse schwatzt. Aber auch dies ist selbstverständlich eine Minderheit. Global gesehen, haben sie recht. Also, ich wünsche ihnen viel Erfolg bei ihrer Generalversammlung. Ich werde selber meine Suppe wärmen.

Frauen ...

Frauen. Sie zeigte der Welt ein sympathisches Gesicht, und es schien, als halte sie in der linken untern Mundecke ein Zuckerstück, das sich nicht auflöste, ein Stück Lächeln, wie ein Bonbon, ein inneres Lachen. Das Lachen macht den Menschen sympathisch, wenn es vom guten Herzfleck kommt. Verliebte lachen deshalb beständig miteinander, und der Fotograf sagt «Bitte lächeln» für die gute Erinnerung.

Frauen. Wenn man die Bewegungen gewisser weiblicher Personen beobachtet, könnte man auf die Idee kommen, sie trügen gewisse Gene des Tierreiches mit ihren Geh-, Arm-, Schulter- und Kopfbewegungen in sich, die sich so manifestierten und gewisse Rückschlüsse auf Charakter usw. zulassen könnten. Hat sie etwas Vogelartiges oder eher etwas von einer Katze, Es gibt Frauen, die verfallen sogleich im Anblick eines Mannsbildes in ihre typisch-verräterische Bewegungsart. Die junge Frau mit dem Bonbonlächeln sass da, vorne und hinten ein dicker Rucksack, mit dem Gesicht eines Lammes. Ein Blondschopfkind. Andere strecken ihren Hals wie ein Schwan, bieten den Anblick einer Maus, was bei der Männerwelt weniger ankommt.

Frauen, häufig und in der Tendenz eher redselig oder dann einsilbig. Die eher Stummen haben manchmal die bessern Gedanken aufzuweisen und tolle Leistungen. Die Schwatzbasen kehren alles zusammen, als würde dadurch Ordnung entstehen, was des öftern jedoch nicht der Fall ist, eventuell sogar das Gegenteil bewirkt. Reden scheint zur Überlebensstrategie zu gehören. Allen bekannt, dass es auch Schwätzer gibt, immer mehr Quantität statt Qualität, wie dies auch dieses Kapitel aufweist ohne einen einzigen Bonsai. Der Schreiber ist nicht schwatzhaft; er will hier nur die

Erzählfreudigkeit darstellen. Zugegeben, es gibt schwatzhafte Romane, auch von Männern und nicht nur von Frauen, und einige lieben diese Art.

Frauen, viele berichten hauptsächlich aus ihrem Beziehungsgeflecht, reden über Personen, ihre Charakterzüge und Eigenarten und mehr noch über Liebe, Geburt und Tod, die Schicksale. Sie leben in diesem Geflecht, in «ihrem» Stoff, sind ein Faden davon, für sie wohl der *rote Faden* im Lebenslabyrinth. Selbstverständlich sind auch bei ihnen pikante Geschichten beliebt, immer mindestens fünf Zentimeter von der Realität entfernt.

Frauen. Die Melanie – oder heisst sie Melusine? – die, welche in einem Wohnblock weiter haust, läuft bei Vollmond immer auf den nahen Hügel. Dort ruft sie wie ein Herold aus, was ihr auf dem Herzen brennt. Aber leider gibt es Nachtbuben. Die verstecken sich, hören zu, erzählen davon anderntags auf dem Pausenplatz. Aber einer dieser Burschen ging nur einmal mit, denn er musste von der Mondfrau hören, wie sie dem Nachtgestirn von einem Buben berichtete, der ein fremder Balg sei. Als der Lauscher entdeckte, dass er selber mit dem Buben gemeint war, lief er leise weinend sofort nach Hause und verkroch sich immer noch weinend in sein Bett.

Frauen. Da steht eine vom Altersheim bereits um sechs auf, hastet zum Bauernhof ihres Sohnes und besorgt dort die Schweine. Die Frau des jungen Ehepaares wollte nichts von bäuerlicher Arbeit wissen. Sie sei eine Floristin. Die Atmosphäre bei den Sauen gefalle ihr nicht, noch weniger könne sie den Gestank ertragen.

Frauen, andere Alte, die nur fromme Heftchen lesen, fern jeder Realität, die wenig Kontakt mit der realen Welt pflegen, auch nicht mit dem Tennisklub. Sie wollen dafür die *Armen Sünder* aus dem Fegefeuer erlösen. Das sechste Gebot kennen sie nur vom Hörensagen. Die Dorf-Chronik berichtet, es habe noch 1941 die Meinung vorgeherrscht in diesen Kreisen, wer sich eine Dauerwelle machen lasse, komme bestimmt in die Hölle. Ihre Wahrheiten waren unreflektierbar. Ihre Seufzer, weil die Welt so sündig war. Das war früher. Früher war noch Ordnung. Der Lehrer lief beim Betzeitläuten durch's Dorf und schickte die Kinder heim. Manchmal wussten diese Frauen aber mehr, als den Wissenschaftlern lieb war. Sie redeten zum Beispiel über die *Invalidenstrasse*, weil es in ihrem Bereich viele Wasseradern gibt. Die Welt besteht für manche aus Familiengeschichten. Und das waren noch richtige *Marienkinder*, die ihren Mann erst küssten, wenn sie verheiratet waren. Und es gab eine – immer noch früher – die konnte wegen ihren Beinen nicht mehr ausgehen; Burschen mussten ihr die Besorgungen erledigen; weigerte sich einer, so verabreichte sie ihm eine Ohrfeige. Und da gab es eine steinalte Tochter eines berühmten Gelehrten. Sie gab eine Zeitungsannonce auf, sie suche eine richtige Schreibmaschine, ja keine elektrische oder gar elektronische. Sie wolle auf die Tasten hauen können. Im Lokalblatt eine ihrer Geschichten: Besass einer einen Tresor, drangen Diebe ins Haus, transportierten ihn ab und fanden leere Honiggläser darin. Ganz anders die Frau mit Alzheimer. Sie stellte ihrem Manne im Heim einen anderen Mann vor: das sei ihr Mann.

Frauen. Sie hatte eines Tages genug vom Nervenkitzel durch ihre verschiedenen Liebhaber und erklärte, sie wolle von nun an nur noch eingleisig lieben. Und ein Nachtrag zu den Frauen mit konfessionellem Hintergrund, ohne dass dieser ihnen bekannt war: Sie habe starke Ohrenschmerzen verspürt und habe zur Linderung alle Heiligen angerufen, aber umsonst. Schliesslich habe sie zu Gottvater gebetet, und der Schmerz im Ohr sei verschwunden, der Beweis, dass Gottvater mächtiger ist als die Heiligen.

Frauen, Klatsch. Sie sammelte Bonbonnieren. Überall standen sie in ihrer Wohnung herum. Sie sprach nur über Porzellan. Niemand war da, der es zerbrach, nicht einmal ein Hund. Feuerrote Haare mit Signalwirkung, so kupfrig. Eine Persönlichkeits-Reklame? – ein roter Karpfen in der Kälte der Tiefsee.

Frauen. Absurditäten im Altersheim – nicht nur bei den Frauen. Die eine zeichnet, die andere auch. Die eine reklamiert wegen der andern, sie zeichne nicht dasselbe. Holen sie mir im Keller die grosse Leiter; ich will hohe Berge zeichnen. Eine noch etwas Klügere hatte den Heimleiter gefragt, ob denn wirklich wahr sei, was in den Büchern stehe. Eine andere gestand, sie denke jeden Tag an ihren Mann. Drei Männer habe sie gehabt; manchmal wisse sie nicht, an welchen sie denken soll. Herr Vorsteher, holen sie bitte die Polizei, letzte Nacht ist mein Körper gestohlen worden. Bei ihrer Bettnachbarin waren es die Brille und Zähne. Aber da war ja eine, die räumte im Gang die Kästen aus und verkündete bei jedem Leintuch, das gehöre ihr.

Frauen. Früher konnten sie ihren Ärger und Frust beim *Riebeln* der Wäsche auf dem Wäschebrett abreagieren, heute nur noch beim Backen von Brot und Zöpfen, beim Kneten also oder beim Mann. Frauen mit Erzählteppichen, gut wenn nicht die wichtigsten Fäden fehlen, das Nebensächliche zum Hauptsächlichen mutiert. Was, wenn man im Leben so viel erzählt hat, als Lehrerin zum Beispiel, und dann nach der Pensionierung kein Gegenüber mehr hat, auf den der Wasserfall plätschern kann. Als sie sich als junge Tochter vorgestellt habe für die Stelle, habe sie sich wie bei einem Fleischschauer gefühlt, ausgezogen, nackt. Ihre Figur alles andere als vorteilhaft, der Grund, dass sie die Stelle erhalten hatte. Die Kommission dachte, sie werde nicht gleich wieder weggeheiratet. Als alte Frau überfallen, habe sie auf dem Posten die Orthographie des *Tschuggers* stark korrigieren müssen beim Bericht.

Einer habe sie trotzdem heiraten wollen. Sie habe seinen Liebesbrief einer Graphologin unterbreitet, und die habe abgeraten. Für die Elternbesuche habe ihr der Pfarrer stets mitgeteilt, in welches Haus sie gehen durfte und in welches auf keinen Fall. Nie zu den *Roten*. Schlussrede: Den Frommen fehlt das Gottvertrauen. Früher und heute? – die Frauen … Das Kapitel ist bereits zu lang, besonders wegen dieser *Schwatzbaserei*.

Insomnia

In der Nacht blüht der Strauch vor dem Schlafzimmerfenster gelb – wegen dem gelben Schein der Strassenampel.

Insomnia. Kann man wirklich so träumen? Warum führen wir nachts ein absurdes Leben fern jeder Realität, doch sie immer wieder leicht touchierend. Träumte, ich befände mich in einem tiefen Wald. Die Baumstämme mit ihrem Nadelgefieder wie Türme. Dann hörte ich ein Rauschen und ein alter, knorriger Baum – vermutlich eine Eiche – meldete mir, ich müsse sogleich den Wald verlassen, denn sie zügelten. Einige Bäume seien bereits in Kisten verpackt, andere würden folgen. Die Absurdität war zu gross: Ich erwachte. – Das wäre eine Arbeit, eine Waldmasse zu zügeln. Da kam mir in den Sinn, dass man in Brasilien – und nicht nur dort – riesige Urwaldreviere abholzte, um Raum und Boden für Sojapflanzen zu gewinnen. So unsinnig war der Traum also doch nicht gewesen. War es ein Traumhilferuf dieser Bäume und Wälder? Was wollte, sollte ich tun, ich mit meinem Tischwald? Fragte mich, ob die zu fällenden Bäume mit einem roten Strich markiert gewesen waren und erinnerte mich an den Satz: «Die rote Farbe ist eine Farbe wie andere auch, erst alle Farben zusammen genommen ergeben richtiges Licht.»

Diese Schlaflosigkeit. K fragte sich, wie denn das Traumartige gegenüber dem Fiktionalen sich verhalte. Man müsste dies mit dem Altlehrer diskutieren. Er wusste, dass manche Buchseiten auch in einen Traum getaucht wurden, nicht nur was die Lebensträume betrifft, natürlich mitberücksichtigt auch die Schlafträume. Wenn er las, liebte er es, wenn nicht direkt erzählt wurde. «Ik gihorta dat seggen …», ich hörte, wie man vermeldete oder sagte, so beginnt der erste Text in deutscher Sprache, so eröffnet sich das «Hildebrandslied» in althochdeutsch. Das wusste er noch aus der Schulzeit.

Dabei stets die Bestätigung, es hätte auch anders sein können. Er hätte ja in seinen älteren Tagen noch eine Kambodschanerin oder Thailänderin heiraten können, doch siamesische Zwillinge hätte er keine mehr bekommen. Auch der Altlehrer und Romanschreiber war gleicher Meinung und ging noch weiter, indem er seine Texte in die indirekte Rede setzte, sagte, das klinge schöner, sei melodischer und unterstreiche dadurch das Fiktive, dass alles vom Hören-sagen sei und sich auch anders habe zutragen können, womöglich. Selbst die Auffassungsgabe eines Menschen gegenüber einem Faktum, einer Geschichte sei doch sehr verschieden.

K hatte etwas gegen das Fixierte. Alles auf der Welt in ständiger Bewegung, *panta rhei*, alles fliesst. Wir Menschen stemmen uns dagegen, fixieren, vernageln. Und es schien K, als sei der männliche Menschenteil dem mehr unterworfen, vielleicht im Zusammenhang mit der Dominanz. Die Frauen sah er beweglicher, weil von der Natur aus anpassungsfähiger ausgerichtet. Aber dafür wirkt in ihnen mehr die Tradition, vermutlich aus Sicherheitsgründen.

K erinnerte sich nun an ein Landschaftsbild aus den Voralpen: Er liebte die Alpen, besonders aus gewisser Entfernung, den Alpenkranz, möglichst verschneit, männlich, schroff, etwas zerstückelt bei den Gipfelfluren und darunter ganz weiblich, wie Wellen, wie fliessend, weit ausgestreckt die Hügelzonen, sanft, melodisch. Zuvor wie eine Unterstreichung die Ebene. Ein Kontrast, Polares, Gegensätze. Spannungen sollten erzeugt werden. Auch ein *agens* des Fliessens. Und er hatte sich in die Schlaflosigkeit, in die *Insomnia* fixiert, während gleichzeitig die Metamorphose von der Nacht zum Morgen durch die Dämmerstufen glitt. Dann das Sechsuhrgeläute vom nahen Kirchturm.

Aus K's Reisenotizen

«… dann hatte er eine geborene Kuhweider geheiratet, ein bildhübsches Mädchen.» Herr von Glücksbohrer wies nun auf das violett-schwarze Sofa mit den schmalen bordeauroten Streifen und erzählte weiter: «Darauf hat mein Grossvater viel gesessen, wenn er sich von der Gärtnerei und Jagd erholte. Wenn er nicht gewesen, wäre der Dorabirner-Lichtenblumer-Krieg ausgebrochen.» Ich K fragte, ob dies nicht der Urgrossvater gewesen wäre. «Jaja, natürlich, der Urgrossvater.» Petronius August Glücksbohrer-Schwaz, schnäuzte etwas unwirsch seine gurkige Nase, fuhr dann mit seiner etwas zerbrechlichen Altersstimme fort: «Es gab zwar einen Krieg, den Teetassenkrieg, zwischen der Grosstante Frederika Carolina Glückshafen-Streuber mit der anderen Grosstante Kunigunda Theresia Glückshafen, geborene Klinker, selbstverständlich verwandt mit den Kuhweidern. Aber hier das besonders schöne Bildnis des damaligen Hofhaushundes Schnurrebum. Achten sie auf das goldene Halsband und die edlen Lefzen.» Er wies darauf auf die gehäkelten Unterhosen der prinzlichen Urgrossmütter und Tanten.

Er komme nun in seinem Führungs-Vortrag auf das Bauwesen. Sie besässen noch diesen Gutshof nebst dem grossen Parkareal, heute Wiese und Wald, früher mit französischen Gartengevierten, das Herrenhaus also. Das Schloss sei leider durch tubakende Diener abgebrannt, mit dem Abendbuffet, dem Blumenschmuck. Der Sonnengott mit seinem Goldgefährt bei der Kuppel sei wie die Sonne verglüht. Ein schwerer Muranolüster sei bis zum untersten Stock gestürzt. Das Schloss habe als ein Rokoko-Juwel gegolten mit Sälen in apollogelb mit weissem Stukkaturen-Muschelwerk, Stuckornamenten und Ovalfenstern, mit einer Empore, reich verziert mit goldenen Gitterstrukturen, wie man sie heute noch in gewissen Kathedralen antreffe, dahinter die Orgel mit einer Engelsschar, musizierend und voltigierend. Genug Platz für eine Hofkapelle, die Haydn und Gluck gespielt habe, am Abend noch vor dem Brand. Im nahen Wald habe es dazu noch ein kleines Jagdschlösschen gegeben, die Falkenlust, auch ein Flora-Teehaus. Böse Buben hätten dies alles abgefackelt in den Zeiten der Revolution. Damals konnte leider nicht mehr aufgebaut werden, die Geldschatulle war leer und heute dies alles wieder nach den alten Plänen, hier im Saal ausgestellt, aufzubauen, sei finanziell ebenfalls unmöglich, da das Grundstück mit Herrenhaus immer noch sich in fürstlichem Besitz befinde.

Er selber habe auf der Universität von Bornhototten-Granta über den Graswuchs dissertiert. Ihm gehe die Landwirtschaft über alles. Er liebe die ehrliche Art zu leben und die Landwirtschaft sei primär, stehe über allem. Ich K dachte dabei für mich, ja sie mästen Vieh und lassen es darauf umbringen. Sicher möchte es noch viel länger auf der Wiese grasen, selbst wenn das Kuhleben nur aus Grasrupfen besteht.

Ich fragte, ob die Gärtnerei damals auch Bonsais gepflegt habe. Doch der gutsherrliche Obergärtner kannte nicht einmal den Namen. Sie hätten noch eine uralte Apfelsorte, ein Drittel der Äste liege am Boden, wo man sie belasse. Die Äpfel seien, dem Alter entsprechend, klein. Man verarbeite sie zu Apfelschlee-Konfitüre, am Hauskiosk erhältlich. «Etwas habe ich noch vergessen zu erwähnen», sagte der alte Herr, «die Schwiegermutter des Altgutsherrn, die Cleopatra Maria Caecilia von Hohenschragen sei mit dem russischen Zarenhaus weitaus verwandt gewesen und mit den Fürsten von Niedergürps. Leider habe der Ahnherr bei einer Zornesaufwallung die Liebesbriefe an die Kleopatra im weiss-malachitgrünen Kachelofen verbrannt in der Garnisonsstube, weil sie über ihn herrschen wollte, wohl auf Grund ihres Zarenblutes, und er war doch der Regent des Hauses der Glücksbohrer.

★

K sass vor seinem Bonsaiwald und hatte wieder einmal seine Reisenotizen aus anno … gelesen, um sich besser zu erinnern. Allerdings fehlte die erste Seite. Sie war ihm damals durch einen bösartigen Windstoss auf dem Schiff ins Meer geflattert. Warum hatte er damals den Besuch des Gutshofes zu ausführlich aufnotiert? Er wusste es nicht mehr. Es folgten Kurzinhaltsangaben:

Bäume gibt es am Meer nicht viele. Wenn einmal, dann strecken sie ihre Äste wie Hilfesuchende dem grossen Gewässer zu. Mag sein, dass es in diesen Landstrichen weniger Bäume gibt, weil deren Stamm in Schiffs-Masten umgewandelt wurde. Anders im Land drin bei den grossen Seen bei Gorps. Nach dem Arboretum und der Schlosstürmevereinigung reicht der Park nach einer Biegung noch weiter ins Weite. Bäume, so hoch, dass sie an Manhatten in New York erinnerten, mit umfangreichen, mächtigen Stämmen, Rinden und Borken wie eine Sanddünenlandschaft in der Sahara, aber dunkler, geheimnisvoller, ein Geflecht. Das Blattwerk oft gefiedert, gesägt, in allen Variationen. Weidenstrünke mit Astbubi-Kopf, eine Lachgesellschaft und zugleich doch immer ehrwürdig.

In der Backsteinstadt gefiel es mir nicht so sehr wie in den kleinen Küstenorten mit den kleinen weissen Häusern und blauen Fensterrahmen, gebückt unter ihrem Reetdach, dem Strohfell. Meist mit vielen Bäumen im Garten. In der Backsteinstadt war der so hohe Backsteindom die Hauptsehenswürdigkeit mit seinen Strebepfeilern bis zum Himmel und oben den Posaunenengeln. Auffallend, im Gegensatz dazu, die kleinen Tunnelgässchen, die zu den Hinterhöfen führten. Die Strassennamen, ein Amusement für den Fremden. Da gab

es eine Fegefeuergasse, an der ich nicht meine Mittagsmahl-
zeit abhalten wollte, andernorts schon gar nicht *Beim Luzifer*
oder in der Diebgasse, lieber beim Hasenblick oder in der
Tittentastergasse, leider ohne Speiselokal. Schliesslich speiste
ich im Gasthof *Zur Bratkartoffel*, und zwar bestellte ich dort
eine Pizza. Die Stadtbewohner sorgen dafür, dass das Wort
«Grube» im Bewusstsein stecken bleibt mit der *Fischergrube*.
Dort befindet sich auch die *Petersilien-* oder *Schnittlauchgru-
be*. Auf der Nordseite der Backsteinstadt heissen die Strassen
normal «Strasse», also zum Beispiel *Hundestrasse*.

Beim Hafen draussen promeniert man längs des Flusses
oder Stromes, der ins Meer mündet. Menschen in ihrer Frei-
zeitstunde wandern dem Meere zu und wieder zurück gegen
die Stadt. Und die Schiffe begegnen einem, dem Meere zu
oder in Richtung Stadt. Stände entlang des breiten Gehweges
mit Grünanlagen mit Heringen oder mit Schnickschnack.
Vor dem ältesten Leuchtturm des Landes ein gläserner Hoch-
haus-Wohn-Container, drei Mal so hoch wie der Leuchtturm, mindestens. Einen Containerhafen gab es hier allerdings nicht. Die sind stets von den Fussgängern getrennt.

Fuhr darauf zum Gespensterwald. Sah dort natürlich keine
Gespenster, denn die sind nicht natürlich, aber die Bäume ver-
renken ihre Äste, dass man meint, sie seien Gespenster. Die Atmosphäre prickelnd-unheimlich, finster. Alle Stämme ergraut
wie uralte Greise. Man sagte, dies sei von der Salzluft. Nichts
Spriessendes, eher Abgestorbenes, was wieder den Gespenstern
entspricht. Ass im Teehaus oder der Konditorei Senf davor eine
Riesenerdbeertorte und trank Kaffee. Musste zwei Stationen
weiter fahren bis dorthin, bis nach Schweinshausen bei Hop-
pensrade. Der Mensch lebt nicht vom Brot allein, manchmal
auch Torte. Mohn und Kornblumen wachsen hier an den Rändern der Getreidefelder. Fuhr beim Schloss *Schwatz* vorbei.

Hier schreiben sie immer ein Dorf mit «Dorf» an, damit
man weiss, dass man sich in einem Dorf befindet, also die

Ortstafel heisst *Dorf Mistfürdorf*. Viele Dörfer gibt es nicht, eher kleine Städtchen. Man will kein Dorf sein, strebt nach mehr. Die Dörfer gleichen oft in ihrer Standartbauweise der Häuser den Menschen, die zusammen stehen, manchmal wie eine Gruppe schwatzender Frauen oder wie Schulkinder. Im Gegensatz dazu standen sie beim Schloss *Hagenstrotzen* wie in einer Parade, Glied für Glied, mit Hauptavenue und Kanal, natürlich zum Schloss.

Bei Strohkirchen glaubte ich zuerst, die Station heisse *Ausgang*, denn dies war ganz gross geschrieben und Strohkirchen ziemlich klein. Erinnere mich noch an die letzte Schlummermutter der Pension: Hatte ein verwittert-zerknittertes Gesicht und eine etwas unförmige Nase, sah aber hübsch aus, wenn sie lächelte, aber nur, wenn sie lächelte – dies, als ich bezahlte.

Liebhabereien

Das Sein. Man müsse sich selbst finden und einfach sein. Mein Sein entfaltet sich meist bei blauem Himmel, auf einer Bank sitzend und bei Sonnenschein. Auch beim Nichtstun, wenn es überhaupt dazu kommt. Wenn es regnet, verliere ich mich stets in einer Tätigkeit, das Bewusstsein auf Handlungen gerichtet, doch die Handlungen, besonders wenn sie abgeschlossen sind, addieren sich vermutlich zu diesem Sein mit der Bestätigung: Ich bin der und der. Ich habe dies und jenes gemacht. Ob man dieses Seelenarbeitskleid in seinem Sein ablegt, bleibt eine Frage. Vielleicht bleibt nur: Ich bin, weil ich in den blauen Himmel schaue beim Sonnenlicht und nicht in irgend einem Schattenreich leben, was aber nicht unbedingt heisst, dass dann dieses Sein zu Ende ist. Wir sind, aber es ist uns verwehrt, über unser Sein Auskunft zu erhalten. Oft verbinden wir es mit Aufgaben im Leben, um unser Sein selbst zu begründen, oder es wird uns etwas von andern eingeredet. Tatsache, wir sind, doch in unserem Sein manchmal ähnlich einem Luftballon, der mehr oder weniger aufgeblasen ist, oder es schwingt ein Pendel in uns aus, mehr oder weniger stark. Wechselzustände gehören offensichtlich zu diesem Sein. Sie werden wohl auch beeinflusst durch unsere Motivation und geistige Nahrung. Ich will sein, also bin ich im normalen Lebensgang mit seinen Grenzen.

Aber zugegeben, solche Gedanken und Überlegungen wachsen zwischen den Gehwegen unseres Lebens, zwischen den Gartenplatten.

Das Dasein und das Himmelblau. Die Wolkengebilde verschiedenster Art und Form, so ephemer wie die Lebensdateien von uns Menschen. Ein Trost, diese doch etwas länger in der Existenz als die Wolkenbausche am Himmel in ihrer ständigen Veränderung. Beim Menschen braucht es schon mehr Wind dazu. Kannte einen, der hatte sich auf Wolkenbilder spezialisiert und auf die Farbskalen über uns. Und ich antwortete ihm, ich zöge die verschiedenen Färbungen des Wassers und dessen Spiegelungen dem vor. Er meinte, diese seien nur das Ergebnis von denen da oben, also sekundär. Das sei das Blau oder Nichtblau oben doch auch, entgegnete ich ihm darauf. Sonne, das Meer mit den Strömungen und die Urwälder seien die Verursacher, die verborgenen Farbmacher. Aber ich war nett zu ihm und den Wolken und redete eine Zeitlang noch über den saisonalen Wechsel mit dem Typischen der Erscheinungen und verkündete, ich liebte vor allem die Sommerwolken, die leichten Flotillen, in Schwärmen daher segelnd oder sich ballend. Aber gegen ein Gewitter zu mit dem weissen, dann grauen, dann schwarzen Himmelsgetürm gehe dann leider die Leichtigkeit zugunsten der Dramatik verloren.

Es ist gut und interessant, dass die Menschen sich für so Verschiedenes interessieren und darauf ansprechen, Gott weiss warum. Las neulich über einen, der reihte sich ein zu den Kranophilen, hatte demnach ein Faible für Kräne, besonders Hafenkräne und reiste dafür extra nach Genua oder Amsterdam, um die langen Ladefinger in den Himmel streben zu sehen, stelzbeinig, dämmrig-grau im Abendlicht, mit dem Eisenstangenerlebnis. Dabei der Genuss der Verdoppelung, der Wucht, Übergrösse uns Menschen gegenüber, der Kraft, aber auch der Anmut, das Filigrane im Licht- und Schattenbereich. Eine Alternative zu den Kirchtürmen, ebenso Leuchttürmen, dazu noch die Bescheidenheit der Fahnenmasten, aber nicht immer in den Köpfen ihrer Betrachter. Kräne, grosse Vögel, Kraniche, ohne fliegen zu können, nur den Lastenfinger in den Himmel strecken. Dazu die Rosttöne im Abendrot. So gross und schlank, durchlässig, auf Füssen, die fahren können wie die Eisenbahn. Irgendwo eine Art Kran-Stube mit den Hebeln. Die Balance, vorne, hinten, eine Giraffe, aber urtümlicher, Streben, die sich vereinen.

Bin bescheidener mit meinen Bonsais, aber ich muss dieser Liebhaberei meine Sympathie zugestehen.

Ja, sie sind. Und da wir Menschen sie selber konstruiert haben – ich bereits als Kind mit dem Märklin-Baukasten-Mecchano – sind sie mit ihrer Existenz und mit ihren klar definierten Aufgaben uns nicht so fremd wie manchmal die Pflanzen und Tiere. Die Argumentation, alles sei nur Schein, geht hier nicht. Die meisten Menschen leben problemlos auf ihren Brettern und Gartenplatten der sogenannten Realität, vor allem gewohnheitsmässig. Wenige suchen in der Physik das *Gottesteilchen*. Das Problem, dass unsere Realität stets sehr nüchtern uns erscheint, besteht darin, dass dies offensichtlich nicht ganz zu unserer Seelen-Beschaffenheit passt. Mag sein, dass der Hafenkran ein bisschen auch die Seele bedient. Etwas was uns überragt und zugleich dient, etwa wie die Engel, die wir uns vorstellen. Freude an Kränen – so viele Möglichkeiten mit etwas glücklich zu sein. Aus diesem Grunde müsste man schon glücklich sein. Man muss also nicht unbedingt in einem heissen Land Ferien buchen, um dann bei einem kalten Drink glücklich zu werden. Vergessen, Kräne geben auch Laute, Geräusche von sich, meine Bonsais nicht.

Blick aus dem Fenster ohne Kräne. Doch in einiger Entfernung einen für einen neuen Wohnblock. An Weihnachten als Tannenbaum lämpchenmarkiert. Aber Wolken mit Phantasiegebäck, Windgeschiebe, etwas wichtigtuerisch. Die Bonsais im Stuben-Dämmerlicht.

Über Tiere

Hatte mir früher nicht vorgestellt, Hunde und Katzen könnten wie wir Menschen auch mit Krankheiten behaftet werden. Hunde sind stark und lebendig und Katzen sind zäh – wenn sie nicht unter ein Auto geraten. Katzen, wenn sie davon kommen, darf man häufig nicht mehr streicheln, sie schlagen den Liebkosenden mit ihren Krallen in die Hand, reflexartig, weil sie bei der Berührung an gewissen, verletzten Stellen Schmerz empfinden, oft am Rückgrat. Eine Eigenschaft der Katze, dieses so Umschmeicheln, sich streicheln lassen – verloren durch ein Schlag der Strassenungeheuer.

Musste mit meinem lieben Zuzu-Wau zum Tierarzt. Glücklicherweise nichts Schlimmes, ganz natürlich: Würmer, aber eine schlechte Symbiose. Der Arzt klärte mich dabei auf, die Tiere hätten ähnliche bis gleiche Krankheiten wie die Menschen. Es komme vor, dass man das Tier und den menschlichen Kumpanen gleichzeitig behandeln müsse. Manchmal macht das Tier den Menschen krank, zum Beispiel bei Allergien, ob auch umgekehrt, wird zu wenig untersucht. Und man müsste doch wissen, dass Tiere nicht so lange lebten, je nach Tierart verschieden, und viele brauchten viel mehr Schlaf als wir. Die Hunde schliefen doch bei jeder Gelegenheit. Richtig. Also eine Kur für Wau, dass er wieder hundeglücklicher wird. Zuzu-Wau fasste sofort Vertrauen zum Arzt, was mir gut und wichtig schien. Er schnupperte und war mit dem Geruch einverstanden. Vielleicht ein tierärztliches Berufsgeheimnis. Die Altersbeschwerden bei den Hunden werden oft unterschätzt. Sehe auf den Strassen immer wieder ihre Betreuer, wie sie auf die alternden Hunde warten, weil sie nicht mehr beineln mögen. Vier Beine im Alter zu bewegen, ist vielleicht schwieriger als zwei. Sah erst im

Fernsehen einen Hund mit einem Rollator. Glücklicherweise zeigen meine Katzen, Jaguar und Moritz, keine Kenntnisse von Krankheiten, anscheinend ein Katzenfremdwort, und wenn etwas rumort, fressen sie Gras, basta! Weiss aber von einer Frau, die hat bereits ein Vermögen für ihr Büsi und seine Gesundheit ausgegeben, Gefahr lauert doch überall.

Erstaunlich, dass man eher selten tote Vögel sieht. Die fallen doch auch einmal vom Himmel, um dann indirekt in den Vogelhimmel zu gelangen. Eine seltene Geschichte, dass ein angeschossener Schwan auf eine Frau in einem Boot herunterstürzt und sie ins Wasser kippt, wo sie ertrinkt. Höre und sehe im Moment keine Vögel. Feurig rot der Himmel. Kommt aber vor, dass spät noch einer eiligst zu seinem Nest fliegt, vielleicht mit einem schlechten Gewissen wegen der Verspätung oder Unwohlsein, man weiss nie. Kommt mir in den Sinn, dass Hasen einen Herzinfarkt erleiden können, mitten in ihrem Gerenne, springen in die Luft und sind mause. Feldhasen gibt es bei uns fast keine mehr. Aber neulich ein Igel im Garten. Habe auch mal einen beerdigt. Letzte Nacht muhten die Kühe auf dem nahen Feld ungeheuerlich lange und laut. Nicht wegen dem Mond, sondern ihrem Bauch, der einen grossen Anteil an Grasinhalt haben muss. Den Kühen und Pferden ist es oft langweilig. Daher fressen sie dauernd. Wenn sie den Kopf heben, trifft uns ihr Blick der Melancholie. Gegenüber den Vögeln strahlen sie wenig Lebensfreude aus. Vielleicht lieben die jungen Mädchen die Pferde, weil sie diese trösten können. Die Pferde warten auf die Achtung und Kompagnie der Menschen. Alle Tiere, von einem gewissen Bewusstsein an, wollen geachtet werden.

Mein Katzentiger, der Jaguar, hat mir neulich einen Schmetterling geschenkt mit der Ausrede, seine Zickzackvolten hätten ihn zu stark irritiert. Gewisse Tiere stechen, schlagen zu ohne Laut. Andere verbreiten einen kolossalen Lärm, etwa die Wildtauben, weniger die Krähen, die Elstern ausgenommen. Da wir es nicht verstehen, ihr Schnarren, Geschacker, Geschucke, ist es uns kaum bewusst. Jedoch sie fallen optisch sofort ins Auge. Es besteht der Verdacht, dass sie uns Menschen beständig beobachten. Dafür sind wohl die Krähen da und nicht die Fliegenden Untertassen, denn die sind mit grosser Wahrscheinlichkeit doch nicht da, ausser wieder einmal in den Zeitungen. Vielleicht betrachten sie sich als unsere Nachfolger und wollen es einst besser machen als wir Schänder des schönen Planeten Erde. Aber diese Krähen-Vögel haben schon gestohlen, bevor sich solches durch Menschen ereignete. Bei der Rückkehr vom weiten Flug wird das Nachbarnest rücksichtslos ausgeplündert, das wertvolle Ästchenmaterial geschnippt, wenn der Rabe schneller flog als der auf dem andern Ast. Habe beim Schreiben auch aus einem Krähenbuch gestohlen.

Die Schöpfung ist nicht einwandfrei erfolgt, und es fragt sich, ob sie ein Erfolg ist. Paradiesvögel können nicht in Städten wohnen, aber die Krähen. Bei den Menschen scheint dies nicht der Fall zu sein, unsere Paradiesvogel-Menschen leben in besonderen Revieren der Grossstädte, an der Riviera, am Strand, nicht auf dem Land, denn dort muss man arbeiten und zwar richtig. Die Stadtkrähen sollen sehr anpassungsfähig sein; sie bauen Nester aus Drahtkleiderbügeln von den internationalen Kleiderketten, die allerdings ihre angebotenen Kleider in den Ursprungsländern auch mehr klauen als bezahlen. Geringer das Vergehen, wenn die Krähen in den Städten der Polizei die Parkbussenzettel wegschnappen vor den Autoscheiben. Krähen, weil so triste bekleidet, lieben das Helle, besonders das Glitzernde. Ihnen zuliebe glitzern die Sterne. Steht in einem Märchen. Krähen, auch ein Lebensthema. Bleibe aber bei meinen Bonsais. Die sind ruhiger und teilen mit uns einen positiveren Bedeutungshintergrund ohne die auch unheimlichen Sphären bei den schwarzen Vögeln.

Könnte einen Papagei neben meinem Bonsaiwald in der Stube halten. Doch müsste er mein edles Geäst in Ruhe lassen. Die Papageien seien so vielfältig, dass man sich, einmal auf sie spezialisiert, noch zusätzlich spezialisieren muss, zum Beispiel auf Graupapageien. Die hat man dann aber nicht einfach für zwei Monate, aus einer Kinderallüre heraus. Sie werden sehr alt, so alt, dass, wie es hiess, einer eines Tages im Urwald gefunden wurde mit einer Sprache von Ureinwohnern, die inzwischen ausgestorben waren.

Ging neulich an einem Garten vorbei, darin standen viele Tiere, keine Gartenzwerge mit Schneewittchen. Sie waren alle aus Sperrholz, weiss überklebt und bemalt, ein Esel, eine Giraffe, ein Tiger, sogar ein kleiner Elefant. Laubsägearbeiten eines Jugendlichen mit einem besonderen Bezug zu den Tieren oder zur Schreinerei. Käme auf die Idee, einen ausgestopften Löwen in den Garten zu stellen. Brauchte ein Dach darüber wegen der Nässe, und es gäbe Schwierigkeiten.

Kinder lieben oft besonders die Tiere, weil sie in ihrer Entwicklung ihnen noch näher sind als wir Erwachsenen. Man sagte von mir als Kleinkind, ich liebte die Entchen. Bin jedoch eher im Alter tierliebend geworden, weil ich als Junge mit unserem Hund gassi gehen musste, ja musste. Ich muss jetzt auch mit Zuzu-Wau, aber anders, in einem freiwilligen Müssen. Liebe die Tiere, achte sie – natürlich nicht die Stechmücken und Wölfe trotz ihrer Schönheit. Auf unserem Planeten sollte das Raubtierhafte endlich überwunden werden, die Schöpfung korrigiert – in den nächsten dreihundert Jahren. Und das bei uns Menschen? – Tierliebe fordert nicht und wird hoffentlich nicht in Besitz umgewandelt. Doch wenn man Tiere an sich bindet, bringt dies auch Obligationen – nicht im Sinne der Wirtschaft. Das bringt Partnerschaft, bezahlt mit dem treuen Hundeblick. Die Katzen pfoten da in einer Mittelposition zwischen Freiheit und Hausgenosse. Ja die beiden wollen noch Milch und Zuzu-Wau seinen Knochen vom Supermarkt.

Der Strudel

Die Lesestoffe. Ja, die Schwierigkeiten der Paare. Was macht er oder sie nach der Scheidung? Zu Anfang des Buches ist bekannt, dass er in den Bergen verunglückt ist, und es folgt der Lebensbericht. Der Tod als Anlass allgemein für eine Lebensbetrachtung. Liebe es, als K, der Alternative, wenn die Leute davon kommen und am Leben bleiben, auch wenn sie in den Strudel geraten.

Herr Professor Dr. Schlundrian-Gartenzwarbel hielt in unserer Lesegesellschaft einen Vortrag über *Den Strudel*, physikalisch und nach der Pause psychologisch. Begann mit einer Geschichte von Edgar Allan Poe, mit dem Strudel im Meer, der selbst Ruderboote hinein ins Wasser frisst, hantierte mit kalten und warmen Meeresströmungen, sprach über Windhosen, Wasserhosen, Feuerstrudel. Glücklicherweise gibt es keine Erdstrudel, vielleicht in der Wüste bei Sandstürmen. Wie entsteht die Strudelenergie? Sprach auch über das Kapitel: «Wir unterschätzen die Naturgewalten».

Redete im zweiten Teil davon, er kenne einen, der habe bereits früh in seinem Leben mit Bleistift oder Kugelschreiber stets Ringe gezeichnet, die in Studel ausarteten. Er hörte dazu die entsprechende Musik. Später bezeichnete er sein Werk und zugleich seine Gewohnheit als Handlockerungs-Übung. Er hat die Erde früh in einem Wasserstrudel verlassen müssen.

Dann kam der Herr Professor Schlundrian-Gartenzwarbel auf die seelischen Strudel. Ein Geschehnis, das uns stark beschäftigt, ja mitreisst und schliesslich die ganze Aufmerksamkeit in sich vereint, beginnt sich in einem zu drehen, nimmt immer mehr Besitz von einem und zieht hinab, immer mehr hinab in einer Drehfixierung. Da muss man sich seelisch auf eine Planke retten – wie der Bär, welcher bei einem Vulkanausbruch mit einem Brett und der Strömung im Meer, zur nächsten Insel schwamm, wo er weiter frass. Sich retten, vor der lebensgefährlichen Fixierung, sei es die Ehre, Rache oder irgend ein Absolutismus und anderes.

Sprach dann am Schluss, damit alle gut schlafen konnten von anderen Fixierungen, harmloseren. Berichtete von einem, der stets alles gemessen haben wollte, nannte ihn auch den Zahlengläubigen. Bin zwei Zentimeter grösser als du. Es gebe solche, die gingen auf die Bahngeleise, um die Bahnschwellen zu zählen, was allerdings wieder als gefährlich einzustufen ist. Autos und PS. Die Statistik. Vergleichen können, aber immer mit Zahlen, die letztlich doch nicht stimmten. Aber man müsse dem entgegen halten, dass Zahlen einen wichtigen Ordnungsfaktor darstellten im Chaos unserer Welt. Ordnung sei für uns primär, die Stimmigkeit in der Realität eher sekundär. Aber dem müsse erneut entgegen gehalten werden, dass zum Beispiel die Zeit, zwar innerlich im Menschen verschieden, je nach Situation empfunden werde. Aber im Planetensystem, bei den Umlaufbahnen, spiele dies real eine Rolle, sie liege demnach nicht nur im Menschen, sondern im Kosmos. Es falle auch auf, dass Tiere im Tagesablauf, zum Beispiel Vögel, oft zur gleichen Zeit im Garten auftauchten, als hätten sie eine innere, natürliche Uhr, und er wisse des öftern beim Aufwachen am Morgen, wie spät es sei, ohne dies begründen zu können.

Mit dem darauffolgenden Apéro, das Glas in der Hand und darüber das Geschwafel, lösten sich auch ohne diese Zusätze die Strudel wieder auf, es sei denn, es erzähle einer, wenn er erzähle, immer das gleiche.

Ferne

«Hab dich in letzter Zeit nicht mehr auf der Parkbank gesehen.» – «War in der Ferne, hab eine Wanderung unternommen, dann war schlechtes Wetter.» Er läuft weiter, ist wohl bierdurstig, will mit seinen Kumpanen jassen, was ich als öde empfinde.

In der Ferne. Anrede und Monolog. Das war ich. Im Gebirge. Bei Föhn schön am Horizont abgezeichnet in der Ferne, ein langgezogenes kubistisches Band. Den meisten gerät heute mit dem Wort «Ferne» das Fernsehen in den Sinn. Ja, er hat uns die Ferne in die Stube gebracht mit allen Konsequenzen der Weltoffenheit, aber auch Weltbetroffenheit, der visuellen Erkundung fremder Länder, ferner Leiden, weniger der Freude, es sei denn, einer berichtet, wie er aus einem wilde Natur gewordenen alten Herrschaftsgarten erneut sein örtliches Paradies mit viel Arbeit und Einsatz erschaffen hat. Du sollst im Schweisse deines Angesichts … Nicht beim Fernsehen. Sein Stolz auf die erstellte Schönheit der Parkoase. Und dies im fernen Pommern, das nicht abgebrannt ist, sondern wieder aufgebaut bei bezahlbaren Grundstückpreisen ohne Kapitalgier. Das Gute, diese Ferne kann ein- und abgestellt werden. Unsere grosse Auswahl an Ferne, der wir uns aussetzen können, dosierend, ohne unser Selbst allzu stark zu behelligen, aber auch ohne den menschlichen Kontakt, den wir ja alle ebenso dosieren müssen, um unser Gleichgewicht nicht zu verlieren.

Mein letztes Erlebnis der Ferne war der Berghorizont auf der letzten Wanderung am obern Ende des Berghanges zum Jochübergang. Schritt für Schritt sich dem Horizont nähernd, und auf einmal oben: Der Horizont erobert. Drüben ein Abgrund und darüber der nächste Horizont. Im Wellenkamm-Meer.

Hier grün-grau-schwarz, dort blau oder taubengrau oder ... Verharre ich am einen Ort, ist die Ferne eine Metapher der Sehnsucht, des Immer-weiter-Wollens als Wanderer.

Ziehe ich los, so erwarte ich von der Ferne andere Augen-Blicke, Neues, Noch-nicht-Gesehenes, Abwechslung vor allem für Augen und Sinne, Ungewohntes, neue Herausforderungen, vielleicht Abenteuer. Doch immer in dem Sinne, dass ich diese Ferne wieder verlassen kann und ich mich erneut am vertrauten Tisch mit meinem Bonsaiwald wiederfinde. So war es schon immer. Natürlich nicht, das hat nur die Gewohnheit gesprochen. Mit etwas Glück erlebe ich das Vertraute nun leicht anders, immer, wenn ich meinen Horizont dazu erweitert habe und das Vertraute sich mit den Erinnerungen aus der Ferne mischt. Stand am Nordkap – sitze nun wieder daheim.

Die vertraute Tagesmelodie und die Ferne als Kontrapunkt. Bin vielleicht doch ein Stubenhocker. Habe den Wald sogar in die Stube geholt, anstatt durch diesen zu streifen. Unsere wachsenden Gewohnheiten mit dem Alter. Das Verharren. Ja, natürlich, das schlechte Wetter ist schuld, diese Einschränkungen dadurch. Glaube, es hat in den letzten Jahren zugenommen, die verregneten Sommer. Also der Fernseher – aber auch die Möglichkeit unseres Denkens, dieses Instrument auch der Ferne, im Positiven und Negativen, wenn unser Wissen, die Theorie und die Praxis, die Realität, zu weit auseinander liegen. Erzählte einer neulich, er hätte das alte Haus abreissen lassen, die Fachleute aber seien dagegen gewesen, der Heimatschutz. Sie beachteten nicht den Hausschwamm im Gemäuer, der kaum zu beseitigen war. Die Angelegenheit und Besorgnis geschichtlicher Bewahrung und der nah-ferne Hausschwamm. Die Natur kennt die Bewahrung nur durch ihre Repetition.

In der Jugend das Kapitel der fernen Geliebten mit dem Anwachsen der Gefühle durch die Ferne, zwar nicht zwingend.

Vielleicht immer ein wenig pendeln, wie man einen Teig rührt, dass er luftig wird. Nähe und Ferne und Luft. Weggehen und wiederkommen, Abschied und Willkomm. Der Vogelzug in der Ferne am Himmel – in der Ferne all die anderen Leben, während du bei dir verweilst. Oft schon etwas einsam.

Die Altlehrerin

Wer hatte das erzählt, meine Haushälterin oder Mira Guck? Manchmal wusste K nicht mehr, wer dies und jenes gesagt hatte, besonders bei den Frauen. Kam noch dazu, dass er nicht wusste, ob das, was er im Kopf mit sich trug, auch wirklich gesagt wurde. Nein, keine Gleichgültigkeit steckte dahinter, auch kein Mangel an Respekt, wie bei Aussagen wie *typisch Frau, was die alles erzählen und berichten.* Aber irgendwelche Schwierigkeiten mussten sich ja mit wachsendem Alter einstellen. Bin da, alter Kerl!

Die Frau sagte, sie gehe, wenn möglich jeden Tag ins Hallenbad der Nachbargemeinde schwimmen, das halte sie fit. Und dabei könne sie mit den Leuten reden, sogar mit den Jungen. Wer viel schwimme und Wasser trinke, sich öfters wasche, werde intelligenter; die Nervenzellen reagierten positiv auf den Kontakt mit Wasser, beinahe alle Organe, wohl mit Ausnahme des Herzens, das sei ja auf Blut spezialisiert, aber darin habe es auch Wasser.

Aber es war weder die Haushälterin noch Mira Guck, sondern die Altlehrerin, das Fräulein Grellhafen, die heraussprudelte, sie sei neulich überfallen worden. Bei ihrem Tonfall hätte K beinahe geantwortet: Ah wie schön! Hatte sie ihm schon einmal erzählt. Ein Albaner hätte sie gerettet und habe sie gleich auf den Posten begleitet für die dortige Befragung, wobei sie den Bericht des Polizeiers nachher habe korrigieren müssen wegen den Tippfehlern und Verstössen gegen Herrn Duden. Der Wachtmeister habe ihr am Schluss gönnerhaft zugesprochen mit seiner Mitteilung, es sei besser, wenn der Geldbörsendieb nicht gefasst werde, dann bezahle die Versicherung, sonst müsste dieser bezahlen, doch die Polizeikundschaft habe ja meist kein Geld. Mit der Versicherung könne sie ihre Brötchen wieder kaufen, und jetzt habe sie noch etwas Besonderes zu erzählen. Frau Lehrerin Grellhafen erwiderte, sie habe leider dafür keine Klasse mehr. Ein Lebenlang habe sie geredet, geredet für die Klasse und mit der Pensionierung sei ihr Redewasserhahn wie abgestellt gewesen. Daher müsse sie tatsächlich jede Gelegenheit benützen, um ihren Erzählwasserstand wieder etwas senken zu können. Es war präzise die, welche früher berichtet hatte, bei ihrer Anstellung habe die Schulkommission nur auf ihre Beine geschaut. Sie habe die Stelle erhalten, weil man wusste, dass sie nicht gleich wieder weggeheiratet wurde. Sie sei immer sehr weltoffen gewesen, habe mit ihren Zierschriften brilliert – nicht nur – was man in der Gemeinde für allerlei Aufgaben sehr geschätzt habe. Sie habe jedoch unter ihrer Konkurrenz-Lehrerin, der heiligmässig-frommen Agatha Himmelsbach, schon hie und da gelitten.

Ja, und im übrigen, ob K es nicht in der Zeitung gelesen habe, die hätten doch über den Überfall «Tasche her!» berichtet. Sie habe darauf bei der Zeitung reklamiert, weil diese bei ihr das Wort «betagt» verwendet habe. Sie sei doch nicht *betagt* und keineswegs belämmert trotz des Vorfalles. Sie habe aber der Redaktorin der Zeitung aufs Büro eine Schokolade gebracht, dem Frieden zuliebe.

Tatsächlich, bei einer Lehrerin weiss man eher, was sie berichtet hat. War auch eine besondere Nummer, aber irgendwie aufstellend. Obwohl sie mit zunehmendem Alter mit ihren Sätzen herumhüpft, bald dahin, bald dorthin, wie ein kleines Mädchen. So hüpfte sie von der Kälte ihres Zimmers im Winter – daher sei sie so lange wie möglich in ihrem Schulzimmer geblieben – zur Dummheit der Schüler. Dabei sprach sie nur von den Schülern, nie von den Schülerinnen, aber überraschenderweise im positiven Sinne, denn die Dummen brächten es, nach ihrer Lehrer-Lebenserfahrung, im Leben meist weiter als die sogenannten Intelligenten.

Die Schulpflege habe von ihr erwartet, dass sie am Sonntag im Dorf bleibe, damit die Eltern für Kontakte und Gespräche zu ihr kommen könnten, was an Werktagen früher nicht möglich war, weil man eben werken musste. Ihr bester Rechner sei unter ein Auto geraten und sei invalid geblieben. Und ihre beste Aufsatzschreiberin habe leider einen Amseltick in sich entwickelt, habe sich von den Amseln im Garten verfolgt gesehen und gemeint, sie äugten stets zu ihr ins Fenster rein, um alles zu beobachten. Daher Läden zu, Vorhänge gezogen.

Musste K sich dies alles noch einmal erzählenlassen? Die Frau Lehrerin liebte das Salz in der Suppe und jammerte nicht wie so viele, zum Beispiel, sie hätten zu wenig Geld, seien kränklich bis krank – und laufen jeden Monat mit neuen Kleidern daher, und wenn kein Platz mehr im Kleiderschrank besteht, beineln sie mit dem Stoffsack zur Altkleider-Sammlung. Und wieder andere bemalen auf unserer Erde ihre Haut farbig, um Kleider, die sie nicht vermögen, vorzutäuschen.

K überlegte sich, ob er trotz Regen einen Bummel durchs Dorf unternehmen sollte. Wasser macht intelligent. Doch die Intelligenz löst oft nicht ein, was sie verspricht. K dachte, er sei schon etwas intelligent und müsse im Alter nicht noch intelligenter werden. Weisheit brauche man mit den höheren Jahren, die Intelligenz sei für die Abschlussprüfung. Bei einer habe er den prüfenden Professor nicht rezitiert in seiner Arbeit; das sei bei seinem gescheiten Geschreibsel wohl dumm gewesen. Er zog es vor, zu Hause zu bleiben. Bis er die richtigen Schuhe gefunden hätte, die bei der gegenwärtigen Wasserschwemme nicht seine Socken und Zehen netzten wegen ihrer Durchlässigkeit. Die Schuhe von heute und seine Bequemlichkeit, ja Faulheit. – Die ist doch im Alter erlaubt. Alles zur richtigen Zeit, auch die Faulheit.

Der japanische Kaiser und die Bonsais

Seltsam. Habe ich schon einmal über Bonsais geträumt? –
Träume stets von völlig anderem, nicht von meinen Interes-
sensgebieten und manchmal völlig Unsinniges: Marschierte
im Traum mit einem Gartenrechen auf den Bahnhofplatz Zürich, wollte dort ein paar Quadratmeter an einem bestimmten Ort rechen, kehrte jedoch wieder um, weil ich die Brille
vergessen hatte.

Ein japanischer Kaiser hatte geträumt, er lebe in einem
Bonsaigarten. Damit drückte sich vielleicht sein Herrscher-
wille aus. Man muss die Welt zurechtstutzen, ihr die eigene
Form geben, ihr auch immer wieder eine gewisse Mässigung
aufoktroyieren, was die Natur, wie es scheint, eigentlich
nicht im Sinne hat. Falls es einen Weltschöpfer geben sollte,
dann hat er allerdings für uns Lebewesen die Mässigung mit
einer Balance darin eingesetzt. Leben nur durch Mässigung.
Das hatte er verkündet, das war seine Weisheit. Ein Kaiser
musste weise sein.

Die optische Ausführung war dies in der Folge aber nicht,
denn er leerte seine Schatullen mit den Goldmünzen, um den
Bonsaipark erstehen zu lassen, und damit nicht genug, liess er
seine Gemächer, ausgehend von den Wandschirmen, von den
besten Künstlern von damals bemalen, das Holzgetäfer, mit
Goldeinlagen, zum Beispiel für die Früchte an den gemalten
Bäumen, irgendwelche Phantasiebirnen wohl, aber auch für
die gebogenen Brückengeländer und die vergoldeten Steine
da und dort im Bach. Aus diesem Grund musste er einen
hohen Zaun um alles errichten lassen und Wachen aufstellen. Wenn er durch seinen Bonsai-Park wandelte, glaubte
er manchmal, die Baumäste streben gegeneinander zu und
kicherten leise über ihn, so wie kleine Mädchen. Er war der

Kaiser der Menschen, aber nicht der Bäume. Sie nahmen ihn offenbar nicht ernst. Wenn sie, seine gestenreichen Bäume nicht so schön gewesen wären, hätte er sie eines Tages ... Aber er unternahm nichts, sprach darüber kein Wort wegen seiner Prinzessin, deren Schönheit mit den Bäumen wetteiferte. Es gab da also Schwierigkeiten.

Doch Jahrhunderte lang lobte man diesen Kaiser. Seine übergrossen Ausgaben waren längst vergessen, nicht mehr real, höchstens Geschichte. Viel Volk beachtete seine Anlagen. Er hatte sich ein Denkmal gesetzt, das die Menschen bewunderten und dabei Kraft schöpften für ihren grauen Häuseralltag. Klar, die vergoldeten Steine und die Geländer gab es später nicht mehr, höchstens noch im Innern der Gemächer die goldenen Früchte. Das Eintrittsgeld an der Kasse reichte für den Unterhalt und für die Bonsai-Ordnung, und mit dem Garten und Park wurden die Gedanken des Kaisers weitergetragen zu den fernen Generationen. Aber bitte, wie hiess er schon?

Besuch beim Anton
im Altersheim *Zum Mond*

Die Alten leben auf dem Mond, bevor sie den Erdkreis ganz verlassen. Die Entfernung zur belebten Erde ist beträchtlich. Auf dem Mond hat es immer noch genug Platz. Überalterung spielt auf dem neu ernannten *Planeten der Alten* keine Rolle. Das Altersheim *Zum Mond* steht vor den Äckern und Wäldern der Dorfumgebung. «Mond» sei die richtige Bezeichnung für das Heim, denn die Alten arbeiten ja nicht mehr und beziehen ihre Ressourcen von der Solidaritätskasse, so wie der Mond das Licht von der Sonne. Und wir auf Erden? – Einer hat kürzlich sein grösseres Mietshaus verkaufen müssen wegen den teuren Monatsbeiträgen für das neue Leben im Alter im *Zum Mond*. Die Finanzen schwinden mit dem Alter, nicht wie die Mondscheibe, die sich uns wechselnd in verschiedener Grösse präsentiert. Haben die Zinsen nicht genügt? Man spricht oft von Ungerechtigkeiten auf unserer Welt, jedoch auf gewisse springen solche Beurteilungen nie auf; es bleibt das Pferd ohne Reiter.

Wer ins Altersheim *Zum Mond* zieht, nimmt Abschied vom Dorf, wandert quasi aus, taucht aber anfänglich hie und da noch sporadisch auf im Zentrum. Dann aber mit einmal nicht mehr. Nach einiger Zeit erinnert man sich wieder an ihn, an sie, wenn die Todesanzeige in der Zeitung steht. Umgekehrt haften Name und Person eine Zeitlang im Gedächtnis der Ortsansässigen, und es mag sich ereignen, dass der eine oder andere der *Mond-Auswanderer* Besuch erhält. Man möchte dies auch, wenn man einmal dort ist. Deshalb ergriff K seinen Knotenstock und die Hundeleine für seine *Gute Tat*.

Er wanderte also mit Zuzu-Wau *Zum Mond*. Wohl ein alter Flurname. Noch marschtüchtig musste er Stube und Tischwald doch immer wieder verlassen, schon wegen Wau,

der die Leine stets freudig begrüsste, in Erlösung seines Harn-
dranges. Dabei wusste er, dass er wenig später unter einem
Tisch liegen würde, und dauerte dies zu lange, blieb ihm als
weitere Erlösung von der Hundelangeweile seine Schläfrig-
keit. Noch wedelte er gönnerhaft und elegant mit seinem
Schwanz, als eine steinalte Frau ihn beim Eingang *Zum Mond*
streichelte. Soll ihr gut tun, der Alten. Für Sympathie ist man
immer empfänglich, auch im vorgerückten Hundeleben.

Darauf zog K an der Leine, und Wau musste gleich stop-
pen beim Auskunftsschalter, wenn er nicht in die Wand pral-
len wollte. Er beschnupperte den Duft der Empfangsblumen-
bouquets. Es gab bessere Gerüche. Der Anton sei nicht auf
dem Zimmer um diese Zeit; er sitze bei seinem obligaten
Wässerchen am Tisch der Hauskantine. Er solle nur dorthin
gehen. Wieder der Ruck an der Leine, durch die weite Flü-
geltüre in den Saal, an jassenden Graukopf-Frauen vorbei, die
vom Schiltenass zum Hund hinunterspähten, als sei ihnen die
Karte entfallen.

Der Anton hatte ihn, allein am Tisch, erblickt, stand auf
und wischte mit grosser Handbewegung K mit Hund zu ihm
hin. Lächeln. Freude. Das bald aufkeimende Gespräch, nach
einigem Tasten und Versuchen, galt dem Essen. Man war zu
Tisch. «Ja, man nimmt Rücksicht hier auf mich und weiss,
auch bei der obersten Leitung, was man mir servieren oder
nicht servieren darf, wie ich es gewohnt bin, damit mein
Platz hier nicht in kürzester Zeit leer bleibt und der Anton
verschwunden bleibt.»

K kannte schon einiges von der Essensgeschichte von früher. Kartoffeln, die Suppe ohne Fett, Hahnenwasser. «Auch
hier habe ich, wie gewohnt immer Brotkügelchen im Hosen-
sack gegen den Hunger, und nicht nur, wenn ich keine Luft
bekomme, kaue ich einen Brotbrocken. Nein, nie Kuchen,
keine Versuchungen! Vielleicht etwas Emmentaler-Käse und
Magermilch.» Er liebe Schokolade, aber nur eine spezielle.

So sei er schlank und fit und fühle sich gut, wenn auch seine Beine etwas zitterten. «Was will man schon in diesem Alter!» Der Arzt habe ihm bei der letzten Konsultation gesagt, er möchte auch so gesund sein wie er. Dann müsse er eben so essen wie er. «Allerdings muss ich vorsichtig sein.» Wenn er den Kopf in einer bestimmten Richtung drehe, werde ihm sofort schwindlig. Er habe der Leitung des Hauses anerboten, sie sollen ihn hier als *Strumpfanzieher* engagieren, er bringe doch eine grosse Erfahrung mit von der täglichen Verrichtung früher bei seiner so wohlbeleibten Frau. «Doch Erfahrung nützt nichts, nur der Lehrausweis und die Diplome.» Bei den Frauen komme dies auf keinen Fall in Frage, verkündeten die. «Schade, ich bin doch immer ein Frauenverehrer gewesen. Meine selige Frau meinte aber: ‹So einen habe ich geliebt; das ist mir heute unverständlich. Einen Esel habe ich geheiratet, aber der macht mir an meinen maroden Beinen die besten Verbände.›»

Anton fuhr weiter, da er endlich wieder mit jemandem reden konnte; das heisst, dieser hörte zu und er redete. Er habe zu viel Liebe. Und immer heiss. Er sei ein Bratofen. Aber seine Instinkte sagten ihm, was er tun müsse, um am Leben zu bleiben. Das habe er nun bis ins hohe Alter geschafft. «Ich habe einen guten Schutzengel, prima Klasse!» Oft habe sich der ja als Lebensretter beteiligen müssen, warum wisse er nicht. «Das Schicksal hat immer wieder versucht, mich umzubringen. Mein Schutzengel ist aber nie schläfrig gewesen.» Aber Zuzu-Wau schlief bereits unter dem Tisch. Ob Hunde auch einen Schutzengel haben? Wohl vom leichteren Dienst als bei den Menschen.

Darauf die für K altbekannten Geschichten seiner Rettung. Beim Holzfällen unter einen stürzenden Baum geraten. Unter den Güllenwagen. Einmal der Traktor gekippt. Zuerst mit dem Pferd im Militär eine Felswand hinunter. Auf dem Schragen habe er gehört, wie der Arzt sagte, es sei gut, wenn er sterben könne. Aber er sei eben auf das Pferd zu liegen gekommen, das still dalag und bereits in den Pferdehimmel getrabt war. Allerdings hätten sie im Himmel gerufen, auch das habe er gehört: Der Anton kommt, der Anton kommt, der *Blüemli-Ma*. Er habe doch den Frauen im Dorf seine Blumen vom Garten verschenkt. Gase des Silos hätten seine Lungen zugeklebt. Darauf habe er zwanzig Flaschen Hustensirup bestellt, die ihn jedoch nicht geheilt hätten, aber der Pferdehustensirup, der stärkere. Sein Körper sei eben nie kalt geworden bei den Unfällen, bei seiner inneren Hitze.

Als ein anderer älterer Altersheiminsasse unschlüssig vor ihnen stand, ob er sich zu ihnen setzen wolle oder nicht, flüsterte Anton: «Nicht hinsehen, zu ihm. Wenn er einmal sitzt, erzählt er nur und nur und immer von der grossen Karriere seiner Söhne in Südafrika und Kalifornien. Und der dort» – er wies auf einen dicklichen, kleinen Mann – «hat den Leuten ein Leben lang Autos verkauft, und nun verkauft er tagtäglich seine Religion.» Die habe er nicht sonderlich gepflegt, schon seit jungen Jahren. Man habe ihn ja immer wieder gehänselt und gedemütigt wegen seiner Antwort auf die Frage des Bischofs an seiner Firmung, der von ihm wissen wollte, welches Sakrament er nun empfange. Er habe damals prompt und überfallartig geantwortet: das Ehesakrament.

Mit seinen Zuständen, der wiederholten Bewusstlosigkeit bei den Unfällen, sei ihm eine besondere Begabung zugefallen, er habe das *Zweite Gesicht* und könne mit den Toten reden. Nun verzog Anton sein Gesicht und Zuzu-Wau erwachte, weil er wohl im Traum mit dem einen Bein ans Tischbein geschlagen hatte in einer unwillkürlichen Zuckung. Offensichtlich machte sich Energie frei von der inneren Hitze des Anton. Vor ihm ein Glas Hahnenwasser, Löschwasser.

Und seine Erzählung sprudelte noch weiter. Neulich habe er hier zur Arbeit gehen wollen, morgens um vier, wie gewohnt von früher. Als Bauer sei er ja jahrelang um vier aufgestanden.

Sein Knecht, der zu viel getrunken habe und deshalb etwas faul gewesen sei, erst um sechs, in der Hosentasche der Zettel mit seiner Trinkschuld des Vortages.

Hier im Esssaal habe eine Lampe gebrannt. Die, welche jeden Tag zu spät zum Morgenessen erscheine, sei noch dagesessen und habe gelesen. Da habe er auf seine Uhr geblickt, doch der Sekundenzeiger habe ihn verrückt gemacht und verwirrt. Schliesslich sei er wieder zum Lift und ins Bett. Die Frau sei übrigens leseverrückt; sie reisse die neusten Hefte, Illustrierten immer gleich an sich und vergesse das Essen.

Visite und Gespräch endeten, als ein Mann, lang wie eine Stange, sich an ihren Tisch setzte, trotz allem Nichthinsehen. Der Anton bemerkte, der sei ein halber Amerikaner, Fensterputzer in New York gewesen, schwindelfrei, noch heute, auch auf dem Sims des zwölften Stockes. «Ich, Anton, bin froh, wenn ich schwindelfrei über die Schwelle gelange.» Lachen. Abschied. Nicht einen Satz über das Leben von K. So eingewickelt ins eigene Schicksal wie ein Krautwickel. Ein Freudenanfall von Zuzu, da sie gingen. Reichte K sogar den Pfoten, ganz begeistert.

Blau und grün

Ich, der ich in Blau und Grün quasi verliebt bin, als die Ausdrucksfarben meiner Welt immer im Hintergrund. Da lese ich beim Maler Cuno Amiet, er habe sich vor der blauen Farbe gefürchtet. Diese sei voller Tücke und Gefahr, mache sich gegenüber den andern Farben breit, wirke dünn in ihrer Helle und tintenhaft im dunkleren Bereich. Blau wolle stets die erste Farbe sein, gebe aber keinen Halt, müsse von den andern Farbkollegen stets gestützt werden. Offenbar gibt es auf der Farbpalette andere Gesetze als im Leben. Aber vielleicht lieben wir Blau, weil wir zugleich verlieren und besitzen wollen. Das Blau ist der Herold der Sonne und unserer Sehnsucht. Warum und das Wonach wissen wir nicht. Die Welt soll uns unverständlich bleiben.

Ein gutes Gedicht müsse auf einer Ebene das Unverständliche unbedingt enthalten, welche Meinung ich nur für die Spitzen der Gedichtskunst gelten lassen will. Stellt sich die Frage, ob der Maler unter Flugangst litt, die sich ihm jedoch kaum stellte. Zugegeben, ich habe gerne den festen Boden unter den Füssen, lasse mich aber auch in Schiffen schaukeln, weil in unseren Breitengraden das Versinken im Wasser bei der nötigen Aufmerksamkeit doch sehr unwahrscheinlich ist, was nicht heisst, dass es doch vorkommt, beim Baden, in den Flüssen.

Wir lieben das Blau in der Luft und im Wasser, obwohl es konkret, wenn wir es technisch nicht irgendwie überwinden, unsere Lebensbegrenzung darstellt. Besser das Grün. Es ist unsere Augenruhe und verkörpert das Spriessen und Blühen. Bei unseren Bäumen ist Grün die Grundfarbe. Wir setzen in Pärken rötliche Blutbuchen als Kontrast, arrangieren aber in der Regel mit den verschiedenen Grün. Auch im Gelb erblüht uns oft jahreszeitlich ein Kontrast. Der Rest der Farben ist Dekoration und Hervorhebung der Natur, die Farben Braun und Grau dabei auslassend. Besonders schön das Grün und Blau zusammen, abwechselnd, mit den Blätterschauern im Geäst und dem Schönwetterblauhimmel dazwischen.

Doch im Moment überzieht sich der Himmel mit Gewölk, das so gerne ins Graue wechselt für die melancholischen Regenschauer, deren Musikalität ich zwar schätze, aber sie künden den Wechsel an von der Lebensfeier zum Realen und Nützlichen. Die Idee, dass alles Sein seine Farbe auswählt, an irgend einer uns unbekannten Stelle und für eine gewisse Zeit ausleiht. Bis dato zurück zu geben. Blumen haben eine kurze Ausleihfrist. Länger die unserer Gesichter. Wenn der Maler Alberto Giacometti darauf zielt, der Lebenshintergrund bestimme die Farbgebung, zum Beispiel bei den Tieren, dann müsste meine Hautfarbe grün und blau sein.

Das Seeblau. Seen sind bevorzugt, was die verschiedenen Landesgegenden betrifft. Einkehr und Stille, vor allem Ausgleich, Harmonie steht auf ihrem *Blauen Band*, das zudem den Vorzug besitzt, immer wieder seine Farbnuancen zu wechseln, vom Tiefblau, Ultramarin, zum Stahlblau bis Grau oder milchig-bläulichweiss, da und dort auch grünlich. Bäume, Hügel und Berge zeigen Lust an der Dekoration ihrer Ufer, was sich des öftern auf die Häuser der Menschen überträgt. Segler und Dampfschiffe beleben die oft windgekräuselte Fläche. Nur wer länger verweilt, empfindet ihren Fahrplan als eine gewisse Monotonie. Aber die Wolkenspiele darüber sorgen für Abwechslung mit Licht und Schatten.

Himmelblau. Immer wieder bewegend die barocke Himmelskuppel im zarten Blau mit den darin schwebenden Figuren in raffinierter Perspektive. Manchmal sogar ein Gipsbein, aus dem Rund sich streckend für die Perfektion der Illusion – unserer Illusion vom Himmel mit dem Gefühl des Fliegens. In blauen Lüften. Unser Illusionshimmel stets in einem *ordo*, in einer Hierarchie mit Gottvater zuoberst oder dem weiblichen Teil, der Himmelskönigin Maria. Jedoch nicht mehr die Träume unseres Jahrhunderts. «Suche den Gottvater», sagte einst der Barocksammler zum Kirchenratspräsidenten. Gemeint war der oberste Teil des Altars, der bei der Renovation der Dorfkirche ersetzt wurde. *Im Kirchenestrich.* Und dort holte und rettete er ihn, den Gottvater, für die nächsten Jahrhunderte, der so schön gemalt worden war als alter Mann mit dem buschigen weissen Bart, mit streng-gütigen Augen, schwebend im obersten Himmelsblau, mit den Gotteshänden sich in der Luft abstützend. Die Gleitschirmflieger mit Gottvertrauen, süchtig nach dem Himmelsblau und die Meeranbeter.

Die Erfindung des Bonsais
durch einen Drachen

Das folgende Geschehen verursachte die Erfindung des Bonsais. In uralter Zeit hielt ein japanischer Kaiser in seiner Menagerie im Park nicht nur einen Bengalischen Tiger, sondern auch, wie es sich in Ostasien gehörte und gebräuchlich war, einen Drachen, der Feuer spucken konnte, keinen ausgewachsenen zwar, aber es war ein Drache. Die Park-Gefangenschaft war ihm, bei aller Pflege, doch eher unbekömmlich. Er wollte sich irgendwie betätigen, sperrte also seinen Feuerschlund auf, wodurch die Flamme bis zum nächsten Baum im Park reichte und einen Zweig verbrennen liess. Das war nun wie ein Spiel für den Drachen. Er brannte da und dort einen Ast gänzlich ab, schwarz lag die Asche am Boden rings um die Bäume. Die Palastwache alarmierte den Kaiser persönlich und die Feuerwehr, der nun vom Balkon aus zusah und das Geschehen verfolgte und bald kaiserlich Kund tat, eigentlich sähen die Bäume jetzt schöner aus, irgendwie geformter, eindrücklicher. Heute würden wir sagen *gestylt*. Der Hausdrache durfte ungestört sein Werk noch weiter verrichten. Die Palastfeuerwehr schaute zu und putzte darauf unter den Bäumen die Aschehäufchen zusammen. Auf diese Weise entstand der Gedanke, die Idee des Bonsais.

Stammtisch-Nachrichten

Stammtisch. Ja, der koche immer so viel, zu viel, habe einen Tick, er müsse verhungern. Das Resultat, er serviere sich die ganze Woche dasselbe Menu. Manchmal unterbreche er dies und gehe eine Pizza essen. Und der ehemalige Musik- und Gesangslehrer berichtete von einem, der habe sich zum Ziel gesetzt, in zwei Jahren auf dem Klavier Beethovens «Mondscheinsonate» zu spielen. Die habe er tatsächlich im Altersheim *Zum Mond* nicht schlecht interpretiert. Aber er spiele nichts anderes, immer nur die «Mondscheinsonate» wie andere die «Elise» desselben Komponisten. Themen, ganz verschiedene. Der Xaver Hungerfreund habe beim EW, der Elektrizitäts-Gesellschaft reklamiert, weil er über Mittag die Waschmaschine nicht benützen könne und dürfe. Seine behinderte Tochter lasse alles durch; er wolle nicht im Gestank zu Mittag essen müssen. Der Knecht des Mostgusti habe sich umbringen wollen, sei in den winterlichen Fluss gestiegen und sei wegen der Kälte des Wassers derart erschrocken, dass er um Hilfe geschrien habe. Der Clown vom nahen Zirkus im Winterquartier habe ihn darauf gerettet. Der Pfarrer in der Kirche habe am Sonntag erneut weniger Fromme, weil einige dem Gutzisepp hier mit seiner Sekte mehr glaubten als dem Pfarrer. Die jungen Eltern eilten in die Freiheitskirche wegen dem grossen, attraktiven Sonntagskindergarten für ihre Sprösslinge. Und dies, der Mutzenwend, der am Waldrand sein Riegelhaus besitze, habe als Vogel-Liebhaber eine Voliere errichtet in seinem Garten. Prompt sei ihm eine Reklamation eingegangen wegen dem Vogellärm. Jedoch habe er noch keinen Vogel in seinem Käfig angesiedelt gehabt. Das störende Vogelgezwitscher sei vom Waldrand her erklungen.

Der Kuno berichtete, er sei hier ausnahmsweise in dieser Runde. Keine Regel ohne Ausnahme. Als seine Frau verstorben, sei er ein Wirtshaushocker geworden, bis er die Lage erkannt, worauf er einen Englischkurs besucht habe. Er habe in den letzten Ferien in England geweilt, habe die Küste von Cornwall besucht und besichtigt, was den Fred dazu brachte, von seiner Südafrikareise zu erzählen, dies und das, und dort erreichten die Weihnachtssterne Baumgrösse. Dann nochmals vom Prediger. Der habe von der Kanzel herab die Nichtigkeit und Vergänglichkeit von Leben und Welt vordemonstrieren wollen, habe ein Röhrchen und ein Fläschchen aus seiner schwarzen Kutte gezogen und habe mit seinen Seifenblasenkugeln, schillernd im Kirchenlicht, dies beweisen wollen, was nicht bei allen gut angekommen sei. Sein Tisch-Nachbar konterte, das habe er doch so vorgeführt, weil die Akustik im Kirchenraum schlecht sei und die Mikrophon-Einstellung nie stimme. So sei seine Botschaft doch sicher rübergekommen. Bei der letzten Hochzeit habe man das Ja-Wort der Braut nicht hören können, so schüchtern, zartleise habe sie geantwortet. Dafür habe dann ihr Gospelchor laut gesungen, alle schwarz gekleidet, als wär's eine Beerdigung. Hätten doch für die Hochzeit weisse Blusen anziehen können, und so feierlich-klassisch sei ihr Singsang auch nicht gewesen. Auch der Kleine, als Kaminfeger verkleidet mit Leiterchen und vierblättrigem Kleeblatt, schön gebastelt, sei schwarz gewesen, sogar im Gesicht. Der Pastor habe von der jungfräulichen Empfängnis gemäss Bibel gepredigt, das habe er noch mitbekommen. Bei der Braut sei aber der Sprössling bereits unterwegs gewesen.

K griff mit seinem Thema völlig daneben, als er glaubte, verkünden zu müssen, die moderne Psychologie versuche, das Böse in die untersten Schubladen der menschlichen Seele zu schieben, ins Krokodilgehirn. Damit sei es noch gefährlicher geworden, meinte darauf einer. Und sogleich verebbte die Diskussion. Ob sie wüssten, warum der Hans und die Gret geheiratet hätten, was mehr interessierte. Die hätten festgestellt, beide rundlich, dass sie genau gleich viel Kilos auf die Waage brächten, deshalb. «Warum hast du geheiratet?» – «Doch aus Selbstbestätigung, durch den Kontrast zwischen mir und der Geliebten und die längere Aufenthaltsbewilligung in der gemeinsamen Wohnung.»

Nun versuchte der Altlehrer aus freundschaftlichen Gründen K wieder ins Gespräch zu bringen, ihm die Redegelegenheit zu geben. Mit seinen Bonsais konnte er ja nicht reden. Wie es ihm gehe, oft alleine zu Hause in seinem Wald. Sofort ergriff K das Wort und dozierte in der Runde. Seine Bonsais, eine interessante Beschäftigung, ein schöner Anblick. Genau genommen sei unsere Erde auch ein Bonsai. Die grossen Faltengebirge wie die Zweige, die Alpen, Rocky Mountains, der Himalaya, die Chinesische Mauer ein Ast. Aber unser Erdgestalter wusste damals noch nichts vom Stamm. Deren Erschaffung kam später. Darauf hörte er, vielleicht sei die Erdachse der Stamm, schräg vom Weltallwind. Worauf K zu philosophieren begann, wer die sogenannte Wahrheit als einen Gegenstand betrachte und begreifen wolle, müsse wissen, dass auf Erden alles fliesse. Die Wahrheit eine Beute, ein Besitz und zugleich vom Inventar der Trugschlüsse. «Alles fliessend, alles fliessend.

Wir sind während der Evolution dem Meer entstiegen, leben jedoch immer noch im Meer. Aus Gewohnheit erkennen wir dies nicht.» Da K spürte, dass seine Worte wie Wasser in der Gesprächsrunde zerrannen, wechselte er das Thema und fragte, ob sie auch am Vorabend am Nachthimmel gesehen hätten, dass der Mond einen schwarzen Wolken-Schnauz getragen habe. «Haha!» – «Bitte zahlen!» Und K dachte, er sei vielleicht doch ein Sonderling. Die letzte Wortmeldung aus der Runde: «Bin an einer Erfindung. Ein Kaffeekrug, der blinkt, wenn er leer ist.»

In der Hundeschule

«Zuzu-Wau, wir müssen in die Hundeschule, Befehl, von der Gemeindeverwaltung. Kannst mich mitleidig anschauen mit deinen braunen Augen. Du spürst, dass mir das nicht gefällt, ja langweilt, und du kommst auch dran, kannst zwar schon alles, beinahe alles, musst gleichwohl in die Hundeschule wegen dem Hundepapier. Aber vielleicht sind wir so intelligent und machen uns daraus einen Hundespass mit all den Hündelern. Werden sehen. Ich weiss nicht, ob du dies verstehst. Diese Hundeschule ist auch für dich ein Vorteil, eine zu anerkennende Einrichtung trotz allem, obwohl es dir direkt ja nichts bringt, vielleicht indirekt. Wirst ein paar neue Kumpanen kennen lernen mit ihren Düften. Aber in der Hundeschule muss alles diszipliniert zu- und hergehen. Ohne Disziplin keine Schule, auch keine Menschenordnung. Ich weiss, ihr Hunde habt bereits eure Ordnungen und Rituale, alles geordnet – beinahe alles. Wenn dich ein sogenannter Kampfhund ins Genick beisst, dann nicht. Du wirst antworten, mein Wau, die Menschen verursachten solches. Wahrscheinlich schon zum Teil. Die Polizei braucht Hunde, die in gewissen Situationen zubeissen. Aber in anderen Kontinenten, in Afrika zum Beispiel, sind Hunde oft bösartig, sind wilde Tiere. Glücklicherweise verstehst du das nicht. Wie mancher Schäferbub, wie manche Ziegenliese hat schon deswegen um die Tiere bangen müssen. Immer auch die Mütter der Hütenden. Dafür gibt es die Schule, um *brave Hundelis* zu machen, zu erziehen, und Zuzu, ich hoffe, du bist folgsam, möglichst aufs Wort und lässest dich nicht allzu sehr von den andern Gesellen und Gesellinnen ablenken. Und bitte, im richtigen Moment bellen. Am Schluss vielleicht als Freudenkundgebung.»

K erhob seinen Drohfinger, und Zuzu wusste nun, dass etwas Besonderes bevorstand. «Nochmals, die Schule ist für deine Sicherheit und für dein Wohlergehen. Ich weiss, es geht nicht, das Wohlergehen ohne Anpassung. Hinhorchen, reagieren, Ruhe bewahren. Setz dich! – Brav, gut gemacht! Machst mir Freude, bist ein guter Wau.

Doch jetzt, um unseren Garten verlassen zu können, müssen wir etwas balancieren, über das Brett. Sie haben einen Graben aufgerissen, verlegen neue Kabel und Röhren für Wasser, Gas, was weiss ich. Die orangen Männer sind die Strassen-Aufreisser und – zudecker, zuständig das Tiefbauamt wie für die Hundesteuer. Ah! Achtung! in Einerkolonne, nacheinander über das Brett. Nein, Zuzu-Wau, hier kannst du nicht. Da unten buddelt einer im Erdloch mit der Schaufel, ein Strassenarbeiter, pissest ihm ja beinahe auf den Kopf, später, später.»

Der Strassenbau scheint mir für unser Jahrhundert noch in den alten Geleisen zu rangieren, Lokomotive hin und her, Graben auf und zu. Es gibt doch bestimmt bereits Erfindungen, welche das ganze Arsenal von Baggern, Schubkarren etc. – leider nicht die Lastwagen – ins Strassenbau-Museum befördern könnten. Mit neuster Technik würden die Gräben mit einem *Leitungsgrabdrachen* schmaler ausgehoben. Man schneidet mit Laser, wie Butter, einen Streifen heraus. Rohre saugen nach Schüttel-Bewegungen das etwas gelockerte Erdreich heraus zum Lastwagen dahinter und *schiessen* es, nach getaner Reparation, Renovation und Innovation wieder in die Strassenkerbe. Alles wohl automatisch. Nur die Rohrleitung muss man noch von Hand zusammenfügen. Dies einst in den kommenden Zeiten. Doch das Wort «einst» impliziert mehr die Vergangenheit als die Zukunft. Irgendwann ist einmal alles Vergangenheit. Dann geht alles durch die Luft und nicht mehr unter der Erde durch. – Die Wasserleitung? – Natürlich, jetzt bereits in den Anfängen. Jetzt regnet's zum

Glück nicht, denn die Hundeschule findet auf dem Pausenplatz der Schule statt und auf der angrenzenden Wiese. – Ja, Zuzu, jetzt darfst du die Blumen *begiessen*.

Im Singsaal des Schulhauses zuerst die Hundetheorie mit Videos, begleitet vom Hächeln der Hunde, die ebenfalls auf die Leinwand glotzen, gewohnt vom abendlichen Fernsehen. Ein Sprecher referiert über den Spieltrieb der Hunde und über die gefährlichen Stauphasen, in denen sich aggressive Energie ansammeln könne, welche in Kombination zum Jagdverhalten und zur Kampfeslust zu sehen seien. Und natürlich müsse wie bei den Menschen mit Verhaltensstörungen gerechnet werden ausnahmsweise. Dann die Erziehungsfehler, dass die Halter schliesslich den Hunden gehorchten wie die Eltern ihren Kindern heute. Hunde müssten spielen können. Für sie das Leben ein Spiel. K dachte: Eher durch die Landschaft trotten und auf die Menschen warten. Aber die Sprecherstimme: «Kinder spielen Ball. Der Hund will auch mitspielen, getraut sich jedoch nicht. So wird sein Spieltrieb gestaut und gepresst. Jetzt fliegt der Ball dem Hund entgegen. Ein Bube holt ihn, und der Hund beisst ihn ins Bein, fühlt sich angegriffen neben dem Ball, mit dem er spielen wollte.» Darauf die Inschrift: «Treten Sie der Kynologischen Gesellschaft bei.»

Es folgten Hinweise auf die Arbeit an diesem Hundeschultag in Bezug auf die Befehle *Sitz*, *Platz*, *Bring*, den Lärm als Hundeverunsicherung, die Hindernisse und ungewohnten Böden, Arbeitswilligkeit und Liebeshunger, der Strassenverkehr, an der Leine gehen – alles Elementar-Fächer in der Schulung. Später und schwieriger die Befehle *rechts*, *links*, die Probleme mit schlecht gekleideten Menschen oder Uniformen. «Die Ablenkungsgefahr: Eine Strasse mit Autos und unerwartet ein Reiter mit Pferd – und der Hund rennt ihm nach. Ein furchtsamer Mensch sollte keinen Hund halten, und Maulkörbe für die Hunde stauten und vergrösserten die Aggression. Die bellen dann mehr, erschrecken selber über ihr Bellen und bellen darauf noch lauter und länger. Wir wollen keinen Weltrekord im Bellen. Es gibt Schlimmeres als das Bellen.»

Aber natürlich wurde beim Aufbruch und Verlassen des Singsaales ohne ein Lied gesungen zu haben, dafür gebellt und mit dem Schwanz gewedelt. Auf Platz und Rasen präsentierten sich die verschiedenen Rassen – das Wort ist noch für Hunde erlaubt – der gefleckte Dalmatiner, goldene Setter, Laufhund, kleiner, folgsam und beinahe demütig, die dunklen Pinscher, Schnauzer, Chow-chow, der Spitz, gross und klein und natürlich auch ein Terrier, eine beleidigte Bulldogge – wohl weil als *Kampfhund* betitelt –, ein frecher Boxer neben dem Windhund. Ich glaube, Zuzu-Wau genoss es. Er interessiert sich besonders für den Mops, den Malteser und einen Papillon voller Neugierde, also eher für die kleineren Kumpanen.

«Aber aufgepasst, Zuzu, nicht reagieren, wenn wir jetzt am Kind, das die Katze streichelt, vorbeitraben, schön Fuss. Ja, über die kleinen Hindernisse, das ist spielerisch, ja darüber, nicht darum herum. Wau! An Autos sind wir alle gewöhnt, vielleicht nicht an Elektrovelos – ein Hinweis –, doch ein Pferd auf der Strasse, doch noch für Herr und Hund ein Unsicherheitsfaktor, besonders wenn der eigene Hund der Meisterin auf dem Pferd hinten her rennt. Da gibt es schon etwas Nervosität. Doch im grossen und ganzen, Zuzu, bist du brav, hast nur in den Knochen vom Supermarkt gebissen, bist treuherzig, treu und irgendwie kindlich-staunend. Das tut gut, auch uns Menschen. Die Hundeschule ist für die andern, wie schon gesagt, nicht für dich. Musst sie doch bestehen; es geht dabei nur um das Papier. Ich weiss, Papier geht dich als Hund nichts an, aber mich.»

Bekanntschaften? Ja, K hatte einige Male gegrüsst. Lächeln, zurücklächeln. «Ah, sie haben …». «Ist er lieb!» … «Ganz der Herr …». «So vertraut, willig …» «Was? Kurt Tucholskys

«Hunderezitativ», haben sie dieses einmal gelesen? Sieht nur Köter und keine Hunde und spottet über uns Hündeler: «Nie legt ein Hundebesitzer in das Tun der Menschen a priori so viel Gutes wie in den Blick eines Hundes. Wenn ihn der ansieht, zerschmilzt er vor Lyrik.» – «Ah, lese auch Lyrik», antwortete K, nicht auf das Zitat eingehend, «lese auch Lyrik, aber andere, zum Beispiel über Bäume.»

Über Kunst:
Musik, Malerei und Liebe

Besuch des Altlehrers bei K. Natürlich sprachen sie über die Kunst. Nein, nicht über die Schule. Das lag in der Vergangenheit bereits im Dämmerlicht. Sie verglichen die Malerei mit der Tonsetzerkunst. K zitierte den Alberto Giacometti: Malerei eine Illusion, nur die Leinwand und die Farben real. «Ein Gemälde kann nur darstellen, was nicht ist, das heisst, etwas, das eine andere Sache vortäuscht.» Dies liege zwar eher am Rande seines Interesses im Gegensatz zum Augusto Giacometti. Er liebe eben die Landschaften und den Impressionismus. Aber in der Musik seien die Töne real. «Aber auch die Schwingungen der Farbtöne», konterte der Altlehrer. Beides seien Emanationen. «In beiden Strukturen, Signaturen, Handschrift, persönlicher Ausdruck eben. Der Wille, in Ästhetik verliebt, etwas Schönes zu schaffen oder einfach, dingrealer, ein Kunstwerk. Wir sind schliesslich aus Lehm erschaffen und nicht aus Amethyst. Las ich irgendwo, wobei das mit dem Lehm ja nicht stimmen kann. Sie haben zum mindesten das Wasser vergessen, das Fliessende.»

K bekräftigte die Grundaussage des Altlehrers: «Der Künstler geht vom Realen aus, doch dieses ist wie eine Leiter, die ihn ins Feinstoffliche hinauf führt, weg vom Erdinnern ins Existentielle, in ein anderes Innen. Die Künstler, die wahren, bauen an einer Welt mit Feinstofflichem. Nein, nicht Luftschlösser, sondern Gedankenschlösser, Geistschlösser. Die Kommunisten, Marxisten brachten früher den Begriff *Überbau*, tatsächlich, aber sie gingen immer vom Materiellen aus. Sie setzten typischer Weise und wohl irrtümlich den Akzent auf das Reale, statt auf das Geistige, waren Materialisten und nicht Spiritualisten.»

Stille. Atmen. Darauf der Altlehrer: «Das grosse Schweigen über die Existenz brechen, sie ergründen, oft auf Umwegen, vielleicht sogar in der Polarität. Die Idee stammt vom Maler Rothko mit seinen schweigsamen Bildern».

K fuhrt fort: «Um von etwas anderem zu reden und doch vom selben, von der Liebe nämlich zwischen den Geschlechtern. Die geht vom Materiellen aus, wie dies uns erscheinen mag. Aber dass diese mit Wellen wie in der Musik, in der Akustik und wie in der Bildenden Kunst, dem Optischen, zu tun hat, ist doch eigentlich eine Binsenwahrheit. Ihr Anblick, ihre Stimme, auch ihre Bewegungen. Daraus entwickelt sich die Zuneigung, Sehnsucht, die Liebe *im Herzen*, wie wir dies formulieren. Die Realität des Fortpflanzungswillens, vielleicht, um irgendwie weiter zu bestehen mit dem Tresor unserer Begabungen und Möglichkeiten. Aber darüber hinaus scheint es – nochmals das Wort «scheint» – liegt diese Liebe doch im Immateriellen, weit weg von anfänglich-urtümlichen Tastsinn, in der Werterschaffung für eine Person, eines Gegenübers, einer Ergänzung und Erweiterung. Ausdehnung. Nicht umsonst fühlt sich der Liebende wie ein Luftballon, schwebend.»

«Wir lieben es, wir beide, die Existenz zu ergründen und wissen zugleich, dass dies lediglich ein Herantasten ist. Viele glauben, mit Wissen alles erreicht zu haben; doch dieses Wissen ist ja nur der Anfang, die Grundlage für das Denken und Kombinieren. Das Wissen ist die Ebene vor dem Waldrand, der hinauf auf den Berg führt. Wir irren durch die Wälder am Fusse dieses Bergmassivs, was für uns, dieses *Irren* in diesem Bereich, lustvoll betont ist. Den Wald allerdings werden wir nicht verlassen, geraten vielleicht einmal an die Baumgrenze. Aber bitte, Reduktion, das ist es nicht, obwohl man diese bei uns anbetet und die meisten Kunstbeflissenen, Kunstverwalter diese fördern, als wären sie Lehrer für den Anfängerunterricht. In die hohe Tiefe gilt es zu gelangen.

Bei dir geht es wohl mit deinen Bonsais nicht um die Reduktion, sondern Formgebung, um eine Art Baumsignatur, eine Verinnerlichung der Erscheinung ‹Baum›.» – «Willst du Kaffee?» – «Ja, sicher.»

Bonsai-Kritik

Sowohl Nutzen wie Notwendigkeit mit Zuzu-Wau immer wieder eine Runde zu drehen und die Wohnung zu verlassen für die frische Luft. Mit einem Hund kommt man eher unter die Leute und verlässt so zeitweise sein Einsiedlerleben, das sich altersbedingt einstellt. Man besitzt einen glücklichen Hund, was im positiven Sinne ansteckend sein kann. K pflegte den kleinen Ortspark in seine Hunderunde mit ein zu beziehen, sass auf seiner Gewohnheitsbank und harrte der Dinge, die sich unerwartet einstellen mochten. Es ereignete sich von Zeit zu Zeit, dass ein Bekannter sich für eine Kurzweil neben ihn setzte. Man wusste dabei nie, welche Gespräche einen so erreichten. Das geschah an diesem Tag in doppelter Weise, nachdem K über einiges für sich so daher sinniert hatte.

Es schwirrten Vögel im Park umher, pfeilten mit ihren Flügeln bald da, bald dorthin, eilig-geschäftig, als sei jetzt dann gleich Ladenschluss. Womöglich mussten sie nun noch ihr Futter einschnabulieren. Es hatte ja lange geregnet; die Möglichkeiten des Einkaufs waren für die Vögel bei solchem Wetter geringer. Wer sucht schon einen Wurm bei Platzregen? Es ist anzunehmen, dass die Vögel weniger von der Welt wissen als wir. Sie kennen nicht unseren Wetterbericht, aber vielleicht haben sie einen eigenen. Weiss der Eisbär im Eismeer wie er von der globalen Erwärmungsphase bedroht ist? Etwas ereignet sich, basta! Wir Menschen wissen so viel und wissen zugleich so wenig. Vor allem von dem wenig, was für uns von Bedeutung wäre. Man lässt uns *nisten* wie die Vögel, allerdings mit dem grossen Katalog unserer möglichen Menschheits-Beschäftigungen, so vielseitig und doch limitiert. Jedem Lebewesen sein Paket an Lebensmöglichkeiten.

Da reckt sich der Wau unter der Bank und streckt die Nase vor, und richtig, der Altlehrer kurvte daher und lächelte, als er ihn sah. Begrüssung. Händeschütteln. Zuzu mit Schwanzwedeln in ewiger Dankbarkeit für einen Wurstzipfel von früher. Der Altlehrer setzte sich, etwas steif, wie man es von ihm gewohnt war.

Thema Geschichte, wobei K dieses sogleich ins Persönliche drehte. Die eigene Jugend komme ihm in letzter Zeit wie die Antike vor. Sokrates: Ich weiss, dass ich nichts weiss. Der Altlehrer taxierte den Sokrates sofort als eine Ausnahmeerscheinung in der Masse der Wissendnichtwissenden, in dem Sinne, dass sie meinen, sie wüssten alles und nicht merken, dass sie im Wesentlichen doch nichts wissen. Man sagt doch … Es ist überliefert …, geoffenbart …, keine Diskussion. K fuhr fort: «In der Jugend wusste man noch viel. Wer beim Fussballmatch gewonnen hatte, wer von der Klasse der Stärkste war, der aber leider schon lange verstorben ist. Man war ein freier Mann wie die Bürger von Athen. Sklaven allerdings gab es nicht – vielleicht manchmal die Mädchen im Blickwinkel von uns wilden Buben, den Spartanern, den Löwenbändigern. Der Kindergarten als die biblische Zeit, und in der fünften Primar das Rittertum.» – «Oh, wie wahr!», ertönte es posaunenhaft vom Altlehrer zum Abschluss des Geschichtsexkurses.

Dieser berichtete darauf von seiner Lektüre, was stets interessant war. Er lese nun Sigmund Freud, der schreibe so gut. «Weißt du, mein Freund, dass wir eigentlich so etwas wie Luftballone sind, allerdings mit einem Doppelprinzip: Luft und Wasser rein, Luft und Wasser raus, Eros und Todestrieb, füllen, entleeren. Ballon und Gefäss. So schwabbeln wir durch's Leben, trinken unser Bier, den Wein oder nur Wasser. Im Gegensatz zu den Luftballonen schweben wir nicht hinauf gegen die Wolken, bleiben unten, vielleicht wegen unserem Wasserbehälter. Aber eine Art Auftrieb ist, eher im übertragenen Sinne, feststellbar. Auf so etwas stösst man, wenn man Sigmund Freud liest, haha!»

K's Diskussionsbeitrag folgte darauf: «Eine Energie schafft Formen und lässt sie wieder verschwinden, pinselt und löscht wieder aus, überstreicht, überdeckt wieder alles am Schluss mit Weiss. Wir sind alte Schiefertafeln, die beschrieben und wieder gelöscht werden. Schwamm darüber. So wie gemäss deinem Bild aus jedem Ballon die Luft wieder langsam, oft unmerklich entweicht, von der Besonderheit im abgegrenzten Rund weg zur Ganzheit der Luft.»

Der Altlehrer, der auch Naturkunde unterrichtet hatte, nahm diesen Gesprächsfaden auf: «Diese Formen scheinen im reinen Naturbereich grundlegend festgesetzt zu sein, vervielfältigen sich aber im Laufe der Zeit durch vielfältige Variationen, vielfältig, vielfältig, in vielen verschiedenen, vielfältigen Falten und Anordnungen. Die Werke der Menschen ahmen dies nach und gehen, weil unsere Freiheit durch den Geist präsent ist, auch darüber hinaus.»

Zuzu hatte sich unter der Bank eingerollt und schnarchte nun so laut, dass erneut Gelächter ausbrach. Darauf das Abschiedshändeschütteln. Der Altlehrer stelzte davon, nicht wie ein Luftballon, nichts vom Schweben, kantig, mit etwas Rückenschmerzen. K wieder allein auf seiner Bank. Zuzu unter der Bank, die Vögel über der Bank. Selbstverständlich kurvten einige Frauen mit Kinderwagen daher, der übliche Corso, beachteten ihn nicht, und es gab einige Hundekollegen auf ihrer Runde, die Wau unter der Bank nicht beachten wollte.

Dann sah K ihn schon von weitem, den Mann, den er für sich den *Kritikaster* nannte, denn, bei diesem gab es nur eine Geste, die des Zerzupfens von allem, als wär alles aus Watte. K hatte sich schon gefragt, ob der auf einem Kissen mit Federn schlafen könne, ob dieses nicht schon längst geöffnet, die Federn in der Luft zerschüttelt, als der Sohn der Frau Holle, die Flocken überm Boden schwebend. Es gibt Kinder, die setzen etwas zusammen, andere nehmen nur auseinander, zerstückeln, lösen jede Ganzheit auf. Und dieser *Kritikaster* setzte sich nun, dieser Gerold Bähfuss, einfach so neben ihn mit dem einen floskelhaften Wort «Entschuldigung», entschuldigte sich zum voraus für das, was nun kommen würde, über seine schmalen Lippen in seinem zerknitterten Furchengesicht. Zuzu schreckte auf, kläffte, der Hundeblick abweisend-böse, ungehorsam, unhöflich, verärgert.

Vorerst nichts, irgend ein Würgen mit Blicken. Darauf jäh seine Aussage. «Du bist eigentlich ein Sklavenhalter mit deinem Bonsaiwald. Diese Pflanzen möchten doch wie alle andern so gross wie möglich werden. Du hältst sie klein, erniedrigst sie, damit du grösser bist als der Mensch, zwingst ihnen deinen Ästewillen auf. Das wäre doch ihre Sache, nicht die deine!»

K reagierte mit Humor. «Meinst du das im Ernst, oder ist dies dein Spass?» Dabei strich er Zuzu-Wau über den Kopf, besänftigend, dass dieser sich wieder unter seine Bank zurückzog. «Aber bitte, mein lieber Gerold, wir Menschen züchten seit Jahrhunderten Pflanzen und Tiere zu unserem Nutzen und auch zu unserer Freude. Das ist doch ein Bestandteil unseres Menschseins. Allerdings, du hast recht, gegenüber gewissen Tieren sind wir zu wenig rücksichtsvoll und machen uns ihnen gegenüber schuldig und anerkennen zu wenig ihr Eigenleben. Aber vielleicht liebt es eine Pflanze, wenn man sich mit ihr beschäftigt, so wie Tiere es lieben, wenn man mit ihnen Zirkus spielt.»

Da sei er nicht gleicher Meinung. K fuhr fort, er solle genauer beobachten und dann sich die eigene Meinung bilden. Man müsse sich bei solchen Anschauungen auch bewusst sein, dass auch hier ein gewisser Extremismus, Absolutismus und Totalitarismus dahinter lauere, der nichts mehr mit unserer Lebensrealität zu tun habe. «Beobachten, beobachten, das ist wichtig!»

Das Faltengesicht zog sich noch mehr zusammen, liess ihn von der Bank aufstehen. K lächelte, schaute ihn begütigend an. «Abend!» Und er trollte davon. Zuzu schaute unter der Bank hervor: Ist er gegangen? «Zuzu, wir wünschen uns einen schönen Abend.» – «Wau!» – «…obwohl der Kerl, dieser Bähfuss, nein, kein friedliches Schaf, vielleicht ein bisschen recht hat.»

Der Augenblick,
die Katze und die Vögel

Tiger und Compagnie, meine beiden Büsis, lauern von ihren Kissen-Körben aus mit ihren Katzenaugen zu mir hinüber, wollen wissen, was ich tue. Diese Lebensgeniesser zu jeder Zeit. Komisch, dass nicht alle Katzen weiblich sind, obwohl aus Männchen und Weibchen bestehend, verkörpern sie doch in hohem Masse so etwas wie Weiblichkeit, strahlen aus mit ihren Seelenaugen, mit stets einem leichten Vorwurf darin, warum wissen wir nicht, vielleicht weil sie bei allem Paschaleben doch nicht glücklich sind. Hunde sind freudig, Katzen melancholisch. Sie heiraten nie, wollen aber geliebt sein. Und sie gleichen der berühmten Romanfigur, immer wieder abgehandelt, der Manon Lescaut, immer im Augenblick lebend und liebend. Liebe dich ewig im Augenblick, morgen der Nächste, kann nicht anders. Dieses Flatterwesen mit Charme und der grossen Begabung anzuhängen und zu flattieren, eben für den Augenblick. Hauptsache, man wird gestreichelt, von wem ist zweitrangig. Sie fixieren sich nicht, wollen ihre Freiheit. Daneben sind diese Schmusekatzen kleine Tiger, Raubkatzen, gefährliche Jäger. Sie haben zwei Seelen in ihrer Brust wie die Göttin Diana, die Hegerin und Töterin. Die Katze voller Neid auf die Vögel, die fliegen können und sie nicht. Das fehlt zu ihrer Freiheit. Müssen am Boden bleiben und schleichen, allerdings nicht wie die Reptilien, auf Lauerpfaden, denken vielleicht in ihrem Katzengehirn, die Vögel lachten sie aus, indem sie in ihrem Himmel umherschwirren, so leicht, so frei, freier als sie, die oft nicht wissen, wo sie vor lauter Freiheit hin pfoten sollen. Bei den Vögeln die reine Lust des Fliegenkönnens. Kommt überhaupt nicht darauf an, wohin sie segeln.

Sagte einer, wir wüssten nicht, ob wir als Katze, Pferd, Krokodil oder Steckmücke wieder geboren werden, vielleicht hoffentlich als Schaf oder Kuh. Ja, lieber Schaf, ist zwar sehr dumm, das Schaf, also eher als Esel mit eigenen Willenskundgebungen. Pferde sind wie Instrumente, Celli zum Beispiel, die darauf warten, gespielt zu werden. Gewisse Tiere geben zugunsten der Menschen ihren Willen auf, der dann aber plötzlich von unten her aufflackern kann, bis der Mensch sie wieder zurechtweist, wenn sie den Reiter abgeworfen haben. Das Problem: Man hat diesen Tieren ihre natürliche Lebensgrundlage mit ihrem Areal genommen, und es heisst nun vielleicht für sie, mache das Beste aus der Situation. Also geduldig warten, bis … Der Zeitbegriff, falls sie überhaupt einen haben, wäre sicher anders als bei uns. Aber die Uhr in ihrem Magen, der Hunger, das Fressen … Bei den Tieren unerhört unterschiedlich, vom monatelangen Hungern bis zum Allzeitfressen.

Ihr Katzen, wollt ihr Milch und Dosenfutter? – Gehe klappern mit dem Teller, und schon schieben sie ihre Kissenmüdigkeit wie einen Vorhang beiseite, dehnen, strecken ihren Körper, steigen behutsam-vorsichtig von ihrem Thron und dann unten pfeilen sie in die Küche, heben den Kopf: Wo ist mein Futter?

Verharren und verändern

Die einen lieben die direkte, konkrete Begegnung, andere das Simulakrum, eine gespiegelte Welt mit Sichtbarem und Spürbarem, sei es mittels der Fotografie oder in Gemälden, Kunstwerken verschiedenster Art, die den Vorteil besitzen, dass sie nicht von uns fortlaufen, sondern verharren. An uns, wegzugehen und eventuell wieder zu kommen. Aber alles scheinend, in Wellenpartikeln. Nein, nicht in der Nähe des Nichts, sondern als Emanationen.

Bäume stehen dem nahe, wobei sie scheinbar gänzlich verharren und doch sich leicht verändern, nur in Nuancen, während ein Apfel, von Cezanne gemalt, sich über Jahrhunderte gleich präsentiert. Es kommt unseren Sinnen entgegen, dass etwas stille steht, still bleibt und doch zu uns spricht. Wenn wir es dann verschieden sehen, liegt dies an uns mit Auge und Gemüt und womöglich an den Lichtverhältnissen. Wir lieben es, dem Fluss der Zeit etwas entgegen zu setzen, zum Beispiel in Bildern, diesen Lebensräumen der Malerei, in Verortungen … Dazu unsere Gewohnheiten und Repetitionen, das Wiedersehen. Auch versuchen wir immer wieder, etwas auf einen Nenner zu bringen, wodurch aber fehlerhaftes Verhalten entstehen kann. Unsere Suche nach der inneren Wahrheit hinter allem Erscheinungsgeflimmer, oft nichts anderes als eine Überlagerung und Spiegelung unseres Ich-Empfindens. Ich und mein Gegenüber, das zu verharren scheint und doch weg fliesst bei unserem Lebensinstrument der Erinnerung.

Ich und mein Bonsaiwald. Dort ein gelbliches Blatt.

Zirkus oder Kunstvernissage

Der Zirkus Zarpazano hatte auf der ehemaligen Allmend sein Zelt aufgeschlagen und kündigte mit schwarzgelben Grossplakaten seine spezielle Tigerschau des Tigerbändigers Zarpazano an. K würde wohl hingehen. Sie geben jedoch in dem nicht grossen Ort lediglich eine Vorstellung, abgesehen von der für die Kinder. Er wusste, das Zelt würde nicht stark von Zuschauern frequentiert werden. Im Medienzeitalter und Sportrummel war es schwierig, für Zirkusdarbietungen ausser Kindern und Müttern sein Publikum zu finden. K selber war etwas unschlüssig, hatte er doch schon manche Zirkusvorstellung in seinem Leben besucht, immer mit Interesse für die Tiere, weniger für die Akrobatik, die so häufig auf ihrem *Gefahren-Klavier* vorspielte, mit der Möglichkeit des Absturzes, was in ihm ein Unbehagen hervorrief. Besser die Clowns, aber sie mussten gut sein mit ihren Possen. Doch Hauptsache, wenn die Kinder lachten. Mütter, Kinder, Zirkus, das gehörte zusammen.

Beachtung finden, Interesse, ausser dem sogenannten *Mainstream*, beim *Manmacht*, *Gehtdorthin*, *en masse*, dem *Wollendabeisein*, dem Herdendrang. Und oft mischte dabei irgend eine Gefahr mit wie das Salz in der Suppe. K erinnerte sich an die Geschichte der zwei orientalischen Geschichtenerzähler auf einem Platz. Der eine versammelte viel Volk um sich, das ihm auch den Obolus reichte. Dieser Mann erzählte, man wusste es, immer nur Mördergeschichten. Dies, weil der Tod für uns Menschen etwas Unverständliches ist, wie es scheint, falls man sich nicht in die Abläufe der Natur hineinversetzt. So befassen wir uns indirekt immer wieder damit, lassen uns erinnern, anstatt das relativ kurze Leben zu feiern. Anders gesehen: Die Verletzlichkeit von uns Wesen muss uns bewusst sein und diese so unmögliche Situation, dass der dümmste Idiot das grösste Genie mit Leichtigkeit beseitigen kann. Dann gab es auf demselben Platz den zweiten Geschichtenerzähler, der von Gärten, Blumen, Liebespaaren und Königskindern berichtete. Aber höchstens drei bis vier Zuhörende scharten sich um ihn und meistens ging er leer aus, sodass er in seinem *Erzählparadiese* hungerte.

Doch zurück zum Zirkus Zarpazano – oder nein, denn er ging doch nicht in den Zirkus. K wusste genaustens, wie die Tiger ihren Hals strecken würden und ihren Raubtierkörper biegen. Jede ihrer Gesten war vorstellbar, irgendwie festgelegt, nicht nur in seiner Erinnerung, auch im Körper der Tiere. Dazu das Gefahrenmoment, auf andere Art als bei den Seiltänzern und Akrobaten. Entscheidend war, dass der Reinhard Kiesel, anrief, ob K auch an die Vernissage der hiesigen Kunstausstellung komme, allerdings zur gleichen Zeit wie die Zirkusvorstellung. Und K sagte zu, denn man weiss bei der Kunst, vor allem der modernen, nie, was einen erwartet, ein Überraschungsmoment ist immer dabei. Wenn man schon im Dorf so fortschrittlich war, so kulturell beflissen und sogar eine Vernissage modernster Kunst melden durfte und konnte, ganz hauptstädtisch, und in der Provinz, musste man diese doch besuchen. Aber im Dorf schien vorbestimmt, wer wo hinging, ob an einen Match, zum Konzert der Brassband, bei dem und jenem Vereinsanlass. Die Besucher der Vorträge und der seltenen Vernissagen waren eine Minderheit. Das sogenannte Bildungsbürgertum verminderte sich zusehends im Zeitalter des Internet.

Sechs junge Kunstbeflissene aus der Region bestritten eine Ausstellung unter dem Titel «Sachwerk – Werksach». Ihre Namen standen mit einem Vermerk je in einem Farbfeld untereinander auf einem der seltenen Plakate, angeheftet an der Tür des vorübergehenden Ausstellungsraumes. Altlehrer Leonhard war schon dort und grinste, sagte kurz: «Mein lieber

143

Baumstrunk, s'ist ulkig.» Also, was gab es da zu sehen? Der Xaver Klugschief schnitzte und bemalte Holzschalen sowie solide Küchen-Taburettchen als gehörten sie zu einer Urwald-Küchenausstattung. Die Mathilde Kurzgut färbte und verknotete dünne und dickere Schnüre und Seile und liess sie von der Decke baumeln. Der Heino Klebefelder arbeitet mit Anthrazit-Kohlestücken und Goldplättchen sowie Email farbig, war demnach eine Art Goldschmied, aber ohne Ringe und Ketten. Der Gegensatz der Kohleschwärze und des Goldes war eindrücklich. Die Sabine Froscher verfertigte Plastiken mit verschiedenen eingetrockneten dickflüssigen Farben, was an grosse Bonbons erinnerte. Marchetto Faltelfelder wartete auf mit Radierungen, nervenbündelartig, dazwischen die Abdrücke seiner selbstverfertigten Stempel. Zuletzt der Leonz Fressbühler und seine sehr spezielle Keramik, bemalt mit Po-Darstellungen, rosa, von schwungvoll bis mager. Vielleicht würde der etwas verkaufen – natürlich als Jux. Es gab viel zu sehen. Diesmal keine Kunstwerke aus Honig und Filz. Es war erheiternd. Der ausgeschenkte Weisswein aus Geissbrückensonn mundete vorzüglich. Die Gespräche waren lebhaft, das Lachen schallend, der Umgang freundschaftlich, die Künstler leicht verlegen. Was würde bei ihnen nach der Ausstellung folgen? Wohl die Ernüchterung auf dem Feld der Beachtung oder Nichtbeachtung. Vernissage ein *Happening*, aber ihre Kunst ...?

Licht

Er sagte, er lebe in der Schlucht und meinte damit seine Altstadtwohnung. Es handelte sich allerdings um den fünften Stock, und über ihm befand sich der Dachgarten. Bei der Treppe ein Schild als Landschaftsanzeiger mit der Aufschrift «Zum Landleben». Sagte, er lebe tagsüber in der Stadt und am Feierabend auf dem Land, und dies ohne in der Autokolonne im Stau zu verharren bis zur Wohnung im Grünen. Eigentlich rieche er lieber das Benzin als die Schweinemästerei oder das Silofutter.

K kannte diese Probleme nicht. Wichtig für ihn war, seine Wohnung immer gut zu lüften am Morgen und die Hauptstrassen zu meiden. Er liebte es, hinauszugehen, die frische Luft einzuatmen. Viele Leute in einem Raum machten ihn sofort schläfrig. Sonne, aber nicht zu viel, war ihm wichtig. Licht, aber bitte nicht grell. Er trug nie eine Sonnenbrille. Licht, Licht und seine Liebe zu den Farben.

Viele chemische Vorgänge benötigen vermutlich kein Licht, die biologischen wohl eher mehr und die seelisch-gemütshaften noch mehr. Wusste von einem, der ging auf Friedhöfe früherer Zeiten und fotografierte die Grabengel aus Stein, was nicht ohne eine gewisse *Tristesse* erfolgen konnte bei der Tätigkeit und im Bild, obwohl das Fotografieren, Ablichten normalerweise Licht braucht. Eines Tages fragte er sich, ob es ihm nicht gelingen könnte, seinen grauen Engeln mehr Licht zuzuführen. Sein Computer und besondere Programme machten dies mit einmal möglich: Er tauchte seine fotografierten Engel zusätzlich in himmelblaue, gelblich-hellgrüne Lichtwelten, wodurch sie optisch ein neues eigenes Sein errangen und so für die Bilderinnerung jetzt zu Lichtwesen wurden in unserer Vorstellungswelt. Um unser

Gemüt optisch positiv zu erreichen, braucht es viel Licht und Farben. Das Fazit.

Dem K war das Licht wie ein Freund oder vielmehr wie eine Freundin, die ihm die Hand führte, eben ein Engel, der Engel des Lichts. Er verstand die modernen Künstler und Künstlerinnen, die durch Installationen manches in farbiges Licht tauchen liessen. Licht konnte Materielles quasi in Geist verwandeln oder ein anderes Sein erreichen.

Sein Bonsaiwald brauchte Licht, Wald überhaupt, obwohl in seinem Wesen eher die Schatten hausen, in der Polarität von Licht und Schatten. K liebte Zeichnungen, Bilder, bei denen der Künstler nur mit Grau-Abstufungen gearbeitet und gestaltet hatte als ein Ausgleich zum Beispiel zum Impressionismus oder Expressionismus. Aber was ereignete sich eigentlich in diesen Bildern? – Es handelte sich doch darum, um Stufe für Stufe zum Licht zu gelangen, wenn auch nur zu einer Lampe in einem eher düsteren Gemach. K war kein Nachtvogel, glücklicherweise. Er hatte stets Erbarmen mit den unglücklichen Flatterern um die heisse Lampe. Im übertragenen Sinne und im Extremfall wusste er, dass die Sage von Dädalus und Ikarus doch stimmte, auch wenn es in Wirklichkeit in höherer Höhe kälter und nicht wärmer wurde wegen der Sonne. Bei zu viel Licht konnte man sich auch verbrennen. Wir Menschen brauchen eben als Ausgleich ebenso den Schatten, den Schattenengel. An uns, die Vorhänge zu ziehen oder sie zu öffnen.

Der Augenblick

Man sollte im Augenblick leben, sagen sie. Aber was heisst dies überhaupt, fragte sich K. Der Augenblick war etwas, das sofort zerfloss, es sei denn, es habe so etwas wie eine Stempelfunktion. Bei der Heirat das Jawort, zwei Augenblicke, einer mit *I* und *A*. So schnell. Oder eine wichtige Unterschrift, geschrieben, gesetzt, ein Wort, ein Name in einem Augenblick, der vieles verändert. Der Augenblick eines Unfalles, der auch vieles umdrehen kann. Der Augenblick des Todes, im Tod der Augenblick. – Er scheint kaum zu existieren, dieser Augenblick. Im Augenblick leben – in einer Art Nichtexistenz, im Unfassbaren, wie wenn ein Glas Wasser kippt. Und unsere Existenz wirkt doch zur Hauptsache auf dem Fundament der Vergangenheit. Er hat so viel gearbeitet, nun soll er dies vergessen und im Augenblick leben.

K vermutete, die Formulierung sei an und für sich falsch, allerdings nicht die Wortkombination «Augen-Blick», sondern die Zeitbeimessung. Eine Stunde im Augenblick leben, zum Beispiel ein Bild, ein Baum, das Antlitz eines Menschen genau betrachten, sich darin vertiefen, vieles beachten, ganz offenen Auges, das Gegenüber registrieren und auf sich wirken lassen und nicht immer davon hasten, demnach sich mehrere *Augen-Blicke* geben für etwas, für jemanden. Das Gegenteil des Augenblicks die Hast und Sprunghaftigkeit sowie Oberflächlichkeit.

Nun hatte er für sich eine *Augenblicks-Predigt* gehalten, die er gar nicht benötigte. Aber er war daran angestossen, an dem Wort und hatte es geöffnet wie ein Paket, um zu sehen, was drin ist. K wusste von früher, dass diese Wortkombination viele Geschichten auf Lager hatte, bei den *Augenblicken* von Mann und Frau. Die Augen als eine Art Tor zu unserem

Seelenleben, aus dem es von innen her heraus leuchtet, wobei die Blicke transportiert und gelenkt werden können, wie Papierflieger, die wir los schiessen, aber seltsam beladen, mit unserer Augensprache, dieser Möglichkeit des Schweigens und trotzdem Redens. Doch K wollte sich von seinem *Augenblick* nun lösen, da er mit viel Vergangenheit gesättigt war. Im nächsten Augenblick einen Kaffee trinken mit einem Augenblick Zucker und Rahm. Dort das Fotoalbum mit den gesammelten Augenblicken für spätere Augenblicke. Der schnelle Augenblick und die lange Vergangenheit geben einander die Hand. Blättern darin. Und der Schmetterling mit seinem Augenpaar wie ein Gemälde auf dem Flügel, öffnet und schliesst seine Augen, vom einen Augenblick zum andern.

Geschäftliches

Mein Lieber Kaspar,

Du hast mir geschrieben, du wolltest das Geschäft deinem Sohn übergeben, wozu ich dir gratuliere. Es ist nicht selbstverständlich, dass eine solche Abfolge bewerkstelligt werden kann. Dabei ist immer zu hoffen, dass, was man ein Leben lang aufgebaut und in die Existenz gerufen hat, weiter gegenwärtig sein kann, weiter durch die Zeiten fliesst, obwohl die Wasserströme auch mit einmal anders fliessen können. Ich selber war in meinen jugendlichen Jahren eine Zeitlang in einer Firma tätig, habe mich dann aber anders orientiert.

Ich weiss, dass Wichtigste in allen Landstrichen unserer Erde ist, eine sinnvolle Arbeit zu haben, damit eine Sicherung der Existenzgrundlage gewährleistet ist mit der Möglichkeit, eine Familie zu gründen und anständig zu leben, das heisst ohne materielle Nöte und Sorgen. Nachdem wir die Bauerngüter unserer Vorfahren grösstenteils verlassen haben, die alten Produktionsstätten der Industrie bereits Museum sind, bleibt uns der so vielfältige Dienstleistungssektor, der nochmals eine starke Verdichtung unseres kleinen Landes mit sich bringt. Wovon leben all die Leute? Wie gross sind ihre Häuser gemäss Kapital, besonders in den Agglomerationen rings um unsere Städte? Es könnte einem schon angst und bange werden, sollte die Ökonomie einmal nicht mehr stimmen, was ja in vielen Ländern leider der Fall ist. Aber diese Länder verfügen über weite Landstriche. Wir nicht. Du ahnst es, mir ist nicht ganz geheuer mit den vielen Firmen und Überbauungen. Das ist allerdings im Ausland auch nicht der Fall, wenn man zum Beispiel durch eine Strasse läuft mit lauter Läden mit Silbersachen, die niemand kaufen will.

Ich hatte mich damals in der Firma nicht wohl gefühlt. Das Problem, wie ich es heute sehe, ist mit dem Begriff *Eigendynamik* zu umschreiben. Unser Tun, vor allem einem Bestreben gegenüber, wird, ohne dass uns dies bewusst ist, von eben dieser Eigendynamik begleitet. Gelinde ausgedrückt wird unser Tun von einer Kraft erfasst, die uns vorwärts drängt wie die Strömungen des Wassers in einem Fluss. Was wir immer tun, wir steigen dadurch stets in einen Fluss, der uns weitertreibt. So wird mit einmal *das Geschäft, der Betrieb, das Geldverdienen, der Erfolg* immer wichtiger. Das Flusswasser steigt über uns oder nistet sich gebieterisch bei uns ein. Das Volumen unseres Tuns wird vergrössert, als wär' die Sache gleich einer Pflanze, die immer höher wachsen will, was uns letztlich in unserem Leben hindern kann und dieses einschränkt zugunsten der Sache, die über uns hinauswächst. So die negative Seite dieses Phänomens.

Die positive ist, dass mit diesem Antrieb der Eigendynamik grössere Leistungen vollbracht werden können, als wenn diese Kraft nicht vorhanden wäre. Den Künstlern leuchtet dieses Phänomen eher auf als zum Beispiel einem Gewerbetreibenden. Und er sollte in manchen Fällen dankbar dafür sein. Diese Eigendynamik kann sich aber auch als katastrophal erweisen, zum Beispiel beim Kapitel «Krieg». Wenn es sich doch nur um den Bierschaum handeln würde, der bei zu schnellem Einschenken über das Glas schwappt. Ich weiss nicht, ob dir dieses Phänomen bewusst ist.

Mit der Übergabe deines Geschäfts an deinen Sohn, hast du den reissenden Strom verlassen können. Schön ist der ruhige Seespiegel am Abend. Viel Glück und Freude auf deiner nun ruhigeren Fahrt.

K, eigentlich ein *Postminimalist* – schrieb selten Briefe, erhielt wenige solche, hatte also ausnahmsweise einen Brief verfasst. Warum er aus seiner passiven Haltung heraustrat, wusste er nicht. Nein, der Begriff *Postminimalist* war hier nicht als Kunstbegriff aufzufassen. *Post* hiess auch «später», «nachher». Vielleicht war er früher anders. Der Minimalist stand analog zu einer gewissen Rückgezogenheit beim Sprechen, die jedoch zu seinem Denken kontrastierte. Und wenn er ein paar Gläser Wein getrunken hatte ..., ja dann ...

Käfer und Fliege

Am grünen Tisch im Garten. Und jedesmal kam der schwarze Laufkäfer vorbei gebeinelt, um K offensichtlich zu begrüssen. Suchte der Winzling seine grosse Gestalt? In der Mitte der sechs Beine, im Lauftraining um den Tischrand oder hin und zurück, je ein weisser Strich wie ein Verband auf seinem Körper. Seine Fortbewegung ähnelte einem Raddampfer auf einem See, doch der hatte immer ein Ziel. Der Käfer aber nicht. Er wusste nicht, wohin laufen, stockte immer wieder in seinen Unternehmungen. Von einem Käfer kann man nicht sagen, er habe jeweils nachgedacht, und auch das mit der inneren Unruhe, die er nichts wissend ausdrückte durch seine Anwesenheit, wäre fehl am Platz zu berichten. Der Käfer lebte, das heisst, er beinelte drauflos, und K musste sich in Acht nehmen, dass er ihn nicht mit einer ungewollten Bewegung zerdrückte. Kleine Tiere sind uns Menschen gegenüber sehr unvorsichtig. Kleine Flügler setzen sich vor uns aufs Papier an exponierter Stelle. Die Schmetterlinge, wenn sie ganz nahe an der Hand vorbeigaukeln, beachten uns wohl kaum und können unser Wesen nicht wahrnehmen, sehen vermutlich nur die Blumenkelche.

Die Fliegen scheinen uns zu beachten, als Landeplatz zum Beispiel, haben jedoch keine Ahnung von unserer Bedeutung, was sie als *frech* erscheinen lässt. Was sehen wir so alles nicht? – Doch das Signalement des Käfers: Schwärzlich, aber ein weisslicher Punktsaum um den Körper, eine Art Krawatte beim Kopf und auf seinem Buckel eine kleine Erhebung mit vier Punkten, als wär's etwas Elektronisches.

In der Küche der Lufttanz der winzigen Fruchtfliegen, um auf die nächste Schüssel zu gleiten. Schwarze Punkte bei der Mahlzeit. Mahlzeit! Zu viele, fand K, obwohl er ihnen auch ihre Nahrung gönnte. Er stellte die Schüssel aufs Brotbrett, wartete ab, bis die Flugschar sich wieder aufs Porzellan setzte und stülpte eine grössere Schüssel darüber, um die Früchteflieger zu fangen. Trug das Brotbrett mit Schüssel in den Garten hinaus, wo er seine Küchengäste entliess. Auch wir Menschen verlassen die Küche, wenn wir gegessen haben, also auch ihr, sagte er sich. Aber als der den letzten Schluck Kaffee aus der Tasse für sich holte, verschluckte er eine dieser Fliegen, so, dass er Wasser nachgiessen musste. Seine Fruchtfliegen-Strategie war demnach nicht ganz aufgegangen.

K betonte immer wieder in seinen Reden, dass alles auf unserer Erde fliesse, davon fliesse, unaufhörlich, unaufhaltsam. Aber der Brunnen im Garten vor dem Haus floss nicht. Es sammelte sich im alten Steintrog aus einem Weinberg lediglich das Regenwasser. An seinen Wänden setzte sich intensiv grünes Moos an. Im Sommer sah man den stillen Wassertrog überhaupt nicht, weil ihn der Grosswuchs der Pflanzen beim vielen Regen verdeckte. Vor Jahren soll er einen Motor gehabt haben, unten in der Erde, der dann wegen Verstopfungen seinen Dienst quittierte, also kein Wasserstrahl mehr aus der künstlerisch geschmiedeten Röhre, an seiner Mündung mit einer Mischung von Reptil- und Vogelkopf, heraus sprudelte. Sein Motorenherz blieb abgestellt. Neulich soll eine Katze daraus lange vom Wasser geläppelt haben mit dem Schlamm, vielleicht für eine Magenschlammkur. Sie hielt die Balance am Rand des Troges, fiel glücklicherweise nicht hinein ins Wasser. Darüber setzte die Stechpalme wieder dienstbereit ihre roten Beeren an zur Freude der Vögel. Jedes Jahr von neuem. Alles fliesst und repetiert sich – aber nicht der Brunnen. Ein Widerspruch muss immer vorhanden sein.

Das Bücher-Monument

K liebte Bücher, nicht nur um sie zu lesen, sondern sie im Gestell im Wohnraum als eine Art *Geistmauer* aufzurichten, jederzeit bereit, sich zu öffnen und deren Sinn aus dem Buch steigen zu lassen. Von einem Künstler hatte er einst in einem Museum einen Bücherstapel betrachtet, wie eine helle Backsteinwand, hellgelb mit etwas dunkleren, bläulichen, rötlichen Deckelstrichen, auf der einen Seite immer offen. Gefasst und doch offen. Ein Büchermonument, das ihm lange in seiner Seele erschien. Hell sollten die Bücher sein. Dunkel gab es genug, was aber nicht zum Buchkanon zu passen schien. Dazu, sinnvoll, an der gegenüberliegenden Wand eine hellblaue Fläche mit einem weissen Segelschiff. Fahrt zu einem himmlischen Bücher-Babylon. Der Künstler operierte mit dem Begriff *Literarische Schichtungen.* Eine vergeistigte Büchermauer – ganz im Gegensatz zur Schwere einer Kiesgrube oder geologischen Ablagerungen, die Ablagerungen der Menschheitsgeschichte – ohne Schwere? – An einer andern Wand, als Gegensatz, ein grosses Foto, darauf ein einzelnes Buch, das über einem Waldrand davonfliegt. Bücher mit Reisen um die Welt und in die Welt. Bei diesem Künstler die Bildsprache der ungelesenen Bücher. Das Buch als optische Erscheinung. Im Wohnraum oft ebenso bedeutend wie die Lektüre.

K, was las er? Etwa über seinen Bonsaiwald? Solche Bücher hatte er selbstverständlich. Las über den Wald in Laozipung, im Buch mit dem waldgrünen Buchdeckel und den sonnenbeschienen, cremefarbigen Seiten. Märchen. Entweder etwas Sachliches, Gärtnerisches oder Märchen. Feen formten und schnitten im Waldgezweig, indem sie gleichzeitig den Bäumen liebevoll zusprachen. Schön sollt ihr sein wie wir.

Aber da sah K, wie ein kleiner brauner Käfer durch seinen Wald spazierte, holte ihn mit einer Pinzette heraus wegen seinem gefrässigen Käferhunger.

Seine Lektüre im allgemeinen: Das erste interessante Buch, das ihm zwischen die Finger geriet, war Jules Vernes «Reise um die Welt in achtzig Tagen». Auch in seiner Gegenwart reiste er noch um die Welt und bevorzugte die Ferne gegenüber der Nähe. K liebte zu wandern, aber bei den Reisen stellte sich ihm stets eine gewisse Bequemlichkeit in den Weg wegen dem Schlafen und Essen. Er reiste einfacher, billiger und lieber mittels seiner Lektüre. Die Misshelligkeiten, die unerwartete Schwangerschaft der Frau X.Y. vom Nachbardorf, vom Sohn Z, die Krankheiten und Allüren, die Tausendbürgergeschichten, interessierten ihn weniger. Seine früheren Lieblingsschriftsteller Brecht und Dürrenmatt hatten, wegen der Verfremdung schon, für ihre literarischen Darstellungen vorzüglich fremde Landstriche oder frühere Geschichtsepochen gewählt, und bei Dürrenmatt gesellte sich das Groteske dazu und das Skurrile, welche Sicht ihm für die Welt angemessen erschien, das heisst für die Menschen, nicht für die Welt.

Vielleicht interessierte sich K im allgemeinen und letztlich mehr für die Welt als für die Menschen dieser Welt, was er natürlich von sich weisen würde, wohl aus dem Grund, weil sie ihm oft als doch sehr begrenzte und geistig eingeschränkte Wesen erschienen, während die Welt so weit, weit und vielfältig sich präsentierte. So waren allerdings auch die Menschen im Überblick, aber im einzelnen erlebte er dies häufig anders und manchmal ziemlich überraschend durch Ablehnungen anderer Leute, die eben anders *gewickelt* waren. Diese Beschränkungen und Einschränkungen zeigten sich nicht etwa bei sogenannten *dummen*, wenig gebildeten Leuten, oft im Gegenteil. Sie begriffen oft nicht, dass man auch anderer Meinung sein konnte und etwas anders anfasste als sie. Als Karikaturist hätte er sie mit verschieden grossen

Schachteln oder auch Köpfen dargestellt, was er aber unterliess, weil er Karikaturen nicht mochte, zudem wären die mit den grossen Köpfen nicht vorteilhaft aufgefallen, was doch ein Vorzug hätte sein sollen. Die grossen Köpfe vertrugen sich keineswegs mit der Bescheidenheit. Bei den Tieren kannte man die Einschränkungen; bei den Menschen musste man sie erst erfahren.

K liebte also die Bücher der Reiseschriftsteller, vor allem von denen, die aus Asien und dem Orient berichteten, den Pierre Lotti, einen französischen, den Nicolas Bouvier, einen Welschen. Und er liebte Geschichten, die von der Kargheit und Bedürftigkeit in gewissen Menschenleben rund um die Welt berichteten. Die Geschichte etwa vom Manne in Nepal, der einem Reisenden ein Fläschchen mit Schnaps schenkte, damit aber nur den Inhalt des Gefässes meinte, weil dieser sich im einzigen Glasfläschchen befand, das er besass und ihm deshalb stundenlang nachstieg im Gebirge, um das leer getrunkene Fläschchen wieder zu haben. Oder ganz anders die oberägyptische Story vom Manne, der dem Nachbar seine Tochter nicht geben wollte, weil er wusste, dass sie es nicht gut bei ihm hätte. Dieser riss aus Zorn ihm alle Pflanzen in seinem Feld aus, wofür sich der damit betroffene Mann herzlich bedankte, weil er dies wegen einer Pflanzenkrankheit auch hätte tun müssen. Diese elementaren Geschichten ereigneten sich im Ausland und in der Ferne und nicht in den hiesigen Ställen, wie K meinte. Seine Lektüre der Weite, weiter, immer weiter, bis zum Horizont, der sich laufend verschob und auch weiter in die Ferne zog.

Auf dem Feld und Fussballplatz

Mit Zuzu-Wau auf dem Feld entlang der Staudenwelt der Zuckerrüben, dann die Maisstängel in ihrem Dickicht. Vor einem Mauseloch ein Kollege-Wau, seine Herrin weit vorne. Hund scharrt und scharrt mit voller Beinenergie, Maus gräbt tiefer und tiefer im Loch oder benützt ihren Seitenstollen. Frau kehrt zurück, die Hundeleine schwingend, zu ihrem Mäuseungeheuer und nimmt ihn an die Leine. Zuzu staunt, hebt die Nase prüfend in die Luft. Nein, nichts für mich. Gewisse Katzen, nicht alle, würden ihn mehr interessieren, ist ja auch mit dieser Tiersorte befreundet, weil es seine Situation erfordert und vor ihren Prankenhieben verschont sein will, also tierische Friedensverhandlungen, so im Sinne kommt Zeit, kommt Rat. Nun die Frau an ihnen vorbei mit dem Mäuse-Hund, Schnauze voller Falten, Kummer und Ärger. Die Menschen verderben einem das wahre Hundeleben. Sollten doch froh sein, dass er Ordnung schafft.

In langsamem Schlendrian näherten sich K und Wau dem Fussballplatz, wo ein Match in Gange war, der Dreikäsehoch. Die einen in weissem Leibchen mit grossen schwarzen Nummern gegen die Goldenen mit weisser Nummer, diese gestiftet von der Dorfbank. Warum nicht etwas zuschauen, sagte sich K, und Zuzu interessierte sich für den Ball, wenn er in der Nähe war, sonst aber gähnte er ausgiebig mit offenem Rachen, aber so, dass man manchmal das Gefühl hatte, er lache dabei.

Eigentlich waren die kleinen Fussballer ähnlich wie die Hunde. Sie bekundeten ihre Freude am Herumrennen auf dem Rasen mit ihren teuren Schuhen, aber natürlich dem Ball nach, der den andern weg-geschnappt werden sollte, was aber der goldenen Mannschaft überhaupt nicht gelingen wollte.

Es schien, sie hätten noch wenig Ahnung von einer Aufstellung im Spiel und der Ballzusammenarbeit zweier, dann zu dritt etc. Ein Haufen, der herumrannte, meist geballt beieinander und meist vor ihrem Tor, wo der Ball so leichthin ein- und ausging. Schliesslich lautete das Resultat so etwas wie acht zu null oder zehn zu eins. Die Eins, weil ins Tor der Weissen ein Schuh der Goldenen sauste. Glücklicherweise zeigte sich keine Traurigkeit, so ganz anders als bei einem Länderspiel, wo es manchmal eins zu null hiess, aber sicher ganz zufällig. Oh, unbeschwerte Jugend, noch etwas näher beim Tierreich als bei den Verbohrtheiten der Erwachsenen. An der Abgrenzung zum Spielfeld ein solcher Erwachsener, sehr fettleibig mit laut-heftigen Stimmausbrüchen als wär's ein Vulkan. Auf der Gewinnerseite eine still-lächelnde Frau als Trainerin.

Das Original und der Esel

Sandro Wolzdampf, das jugendliche Original im Dorf, trug bei schönem Wetter stets rote Schuhe und lief gerader als die übrige Menschheit durchs Dorf, allerdings leicht abgewinkelt. Man sah ihn häufig, als wären die Dorfstrassen die Pisten einer Sportanlage, der Vorübereilenden, stets auf Tour. Zu seiner Gehbewegung gehörte das Hin- und Herwedeln seines Armes mit einer Wischbewegung der Hand. Diese Originalität verlieh ihm ein Geburtsfehler, der ihm verunmöglichte, wie andere in seinem Alter die Lehre oder eine weitere normale Schulausbildung ohne Bezug zu seinem Sonderstatus zu absolvieren. Sandro fiel auf durch sein besonderes Wissen. Er kannte den Zugfahrplan der Region auswendig, schwärmte von Lokomotiven und gab darüber jederzeit und jedermann Auskunft. Auch rief er den ihm bekannten Dorfgenossen seine speziellen Begrüssungskommentare zu: «Schönes Fest!», «Wie geht es den Zwillingen?», «Bringen Sie wieder Grossstadtluft ins Dorf?», «Lassen Sie den Sonnenschein herein!». Dies, wenn einer griesgrämig dreinschaute. Bei K lächelte er meist und sagte zu Zuzu-Wau: «Wie geht es dem Wurstvertilger Zazakau?»

Jedoch an diesem Tag stand der Spassvogel beim Bahnhof mit einer äusserst gelangweilt-verdriesslichen Miene, als beherberge sich darin Wut und Abscheu. Schnitt eine Grimasse, da K mit seinem Stock mit Löwenkopf grüsste, sagte vorerst kein Wort, bis ihm K den Rücken drehte. Nun posaunte er aber heraus, leicht zittrig mit Vibrato: «Der Zug ist gestrichen, die Strecke blockiert.» K rispostete: «Fahre nicht weg, bin mit Zuzu auf der obligaten Runde.» Dabei hatte sich K nochmals umgedreht, was Zuzu nicht begriff, mit der Leine rund um ihn lief, dass er sich quasi von ihr befreien musste. Der Sandro

Wolzdampf erschien ebenso blockiert wie die Lokomotive und stand bockstill – wie der Esel am Berg. Mit einem Ruck an der Leine dampfte K jedoch davon.

Plötzlich bockstill, festgenagelt, wie ein Esel. Dabei hatte er doch keine langen Ohren, glich physiognomisch keineswegs dem lieben störrischen Tierchen, und einen Eselscharakterkopf hatte er auch nicht. Sandro war ein glattes Bürschchen, aber mit ausgeprägten Stirnfalten, die häufig in Bewegung waren. Nun erinnerte sich K des Spazierganges mit Wau, als sie vor einiger Zeit einem Esel begegneten, den ein hübsches Mädchen durchs Dorf führte und zog. Auch vor ihnen blieb das Tier stehen, Die Schöne konnte tun, was sie wollte, ihn sogar aufs Haupt küssen. Keine Reaktion. Auf keinen Fall wollte er weitertrotten, bestand auf seiner Eselsallüre. Das Mädchen sagte, K mit Hund sollte sich verstecken. Als beide, Herr und Hund wohlwollend hinter einem Gebüsch versorgt waren, begann die schöne Eselstreiberin wieder auf das Tier einzureden. Umsonst. Da, eine unerwartete Aktion: Sie griff in ihre Tasche und holte eine Mundharmonika heraus, spielte darauf eine kleine Melodienfolge, und siehe, der Esel begann seine Beine zu bewegen wie auf einem Tanz und trabte nun weiter, kraft der Töne der Musik. Durch das Gezweig sahen sie, wie der Esel seine geknickten Ohren aufgerichtet hatte, bockstill und erwartungsvoll vor dem Busch, für den weiteren Anlauf in seinem Eselsleben. Eines war sicher, diesem Dorfesel würde später kein Grab, einbalsamiert neben einem ägyptischen Pharao zugestanden, vielleicht würde er in einem italienischen Salami teilweise und kurzfristig weiterleben beim jetzigen Stand der Menschheit. Einen Tierfriedhof gab es hier nicht mit Anschriften wie «Meinem lieben Peppino».

Bist ein Esel! – heute ein eher besänftigendes Schimpfwort. K hatte einmal gelesen, die Esel besässen die besten Antennen der Welt; aber weil die braven Tierchen – mit Ausnahme möglicher Bisse – von den Menschen nicht ernst genommen werden, habe die Nachahmungstechnik sich dieses Ohrenwunders noch nicht bedient. Diese leicht dreh- und schwenkbar, könnten rotieren, sich ganz verschieden stellen, je nach Eselsherzenswunsch, auch ganz asymmetrisch. Damit hörten sie leider zu gut alles Dumme der Menschen, und daher seien sie schliesslich dumm und auch eigenwillig, immer mit der Aussage: Bitte, ich bin ein Esel und kein Mensch. Ein Esel ein Symbol für die Ambivalenz, den Zusammenfall der Gegensätze, die *coincidentia oppositorum*. Der Esel, alles hin nehmend mit Demut und zugleich kraftvoll-störrisch. Der Esel als ein dummes Tier und zugleich wohl ein Philosoph, hartnäckig und klug. K war der Überzeugung, die wirklichen Wahrheiten seien in der *coincidentia oppositorum* zu finden.

Aber diese Esel übertragen den Menschen die Melancholie. Sie wissen, dass sie am Aussterben sind. Deswegen seien sie so viril, eselstüchtig in Bezug auf die Weibchen, was die christliche Esels-Ikonographie mit dem Heiland auf dem Tierchen durch ihre Bilddarstellungen gut verheimlichen konnte. Lammfromm, duldsam und doch wieder überaus aktiv. Deswegen hatte man neulich einen aus dem Zoo entfernt, wegen den Kindern, doch nach dem grossen Protest der Tierschützer sei das Verdikt wieder rückgängig gemacht worden. Die grosse Eselsfamilie in der Evolution sei stark zusammengeschrumpft. Vermutlich sei der Kulan-Esel, der Onager, der Dschniggetai bereits ausgestorben. Pferde fliehen vor Gefahr; Esel verharren *sur place*, weil sie wissen, dass, wenn sie flöhen, sie sich ihre Beine brechen würden. Gegen jeglichen Unhold hatten sie ja immer noch ihr Maul mit den hässlichen Zähnen. Auch soll es wilde Tiere geben, die nicht mehr angreifen, wenn sich die Beute nicht mehr bewegt. Die Menschen identifizieren sich lieber mit einem Esel als mit einem Pferd, obwohl sie auch fliehen. Alte Menschenexemplare bleiben aber oft ebenso starrsinnig stehen, und der *clou*: Esel betreiben, ohne es zu wissen, Buchwerbung, denn «Esel», rückwärts gelesen, heisst «lese». Bist ein Esel, hast das Kleingedruckte nicht gelesen.

Ob der Sandro immer noch bockstill beim Bahnhof stand und wartete, bis die nächste Lok eintraf? K steckte, heimgekehrt, seinen Löwenhaupt-Spazierstock in den Schirmständer. Als seine Aufwartfrau ihn fragte, ob er heute ein dicke oder dünne Suppe wolle, schaute er hin. Auch sie zeigte kein Eselshaupt, eher ein Vollmondgesicht. K flunkerte spasseshalber: «Haben einen Esel gesehen.» Und sie antwortete: «Ach, wie niedlich!» Die dicke Suppe löffelnd fiel ihm ein, dass er bei seiner letzten Reise an einem Bahnhof auf dem Fahrplan sich die Zugabfahrt notiert hatte. Doch er bemerkte im letzten Augenblick vor dem Türenschliessen, dass er in die Gegenrichtung fuhr. Man hatte vergessen, einen Zettel über den Fahrplan zu kleben, dieser sei ungültig, weil bei grössern Geleisereparaturen die Abfahrtszeiten nicht mehr stimmen konnten. Sandro Wolzdampf hätte wohl gerufen: «Sie Esel, nicht diesen Zug!», wohl wissend wohin er wollte. «Sie Esel.» – Nein, Sandro war höflich, obwohl auch störrisch – wie ein Esel.

Nun hatte er K aber an *den Esel am Berg* erinnert, an die verschiedenen Gegensätzlichkeiten in der Welt, welche sich der Vernunft nicht anpassten. Als Massnahme dagegen das Oszillieren vom einen Ende zum andern. So schrieb eben auch das Leben, vom lustigen und zugleich so melancholisch-traurigen Clown oder Spassmacher, also über den dummen Menschen, der aber eigentlich gescheit war oder umgekehrt vom so gescheiten, der aber zum Beispiel lebenspraktisch sehr dumm war. Vom Demütigen, Sanftmütigen, der ausschlägt. Diese Eselslehre! Und wir wissen es, früher der Narr im Mittelalter, war wohl meist der Gescheiteste auf der Burg. Man muss doch Narr sein, wenn die Welt so närrisch ist, um sie zu verstehen.

Nachtgedanken: Das Nichts

Diese nächtlichen Gedanken, schlaflos bei Vollmond: Der Boden und Grund, das Nichts und die Fülle. Bekannt, dass die Lebensfolie bei einzelnen Menschen Risse bekommen kann. Diese blicken dann durch den Spalt quasi ins Nichts. Hinter dem Existentiellen das Nichts? Eine lebensgefährliche Flüssigkeit fliesst nun aus diesen Rissen. Man könnte vermelden, also sei nicht nichts in dieser Hinterwelt, sondern die Sinnlosigkeit lauere dort – und die ist nicht das Nichts. Schwieriger wäre eine nebulose Gleichgültigkeit. Kommt dazu, dass dieser Vorgang von Gefühlen des Menschen begleitet ist, vielleicht ein biochemischer Vorfall oder Unfall im Körper. Wieder nicht das Nichts. Dieses Nichts eine Chiffre, eine Antithese zu der Menschenvorstellung von Gott, wobei die Mystiker die beiden Begriffe miteinander vermischen. Für den Verstand unbegreiflich und doch begreiflich, denn diese Denkkategorien müssten vernunftmässig jenseits unseres Verstandes liegen.

Wir Menschen sind angewiesen auf einen Boden, wenn's auch nur ein Schiffsboden ist. Von diesem aus lassen wir unsere Gedankengewächse, unsere Gedankenblätter spriessen bei Licht, denn im Dunkeln schreibt sich's nicht. Das Dunkel ist tatsächlich das Nichts für das Auge, jedoch nicht für unseren Tastsinn. Für den Blinden ist die Welt zwar reduziert; sie ist aber nicht das Nichts. Ich vermute, dass dieses Nichts in Wirklichkeit nicht existiert. Das Nichts ist nicht, denn die Fülle im Firmament und auf unserer Welt ist zu gross. Rein denkerisch existiert es zwar als Antithese zu dieser Fülle und Vielfalt, dem brodelnden Leben, sei es in den Pflanzen, bei den Tieren, auch sogar im zerstörenden Feuer ferner Sonnengestirne. Und diese Fülle besteht aus Impulsen, elektrischen

Ladungen, Spannungen und Kräften. Die sogenannten Deisten sagen dem *Gott*. Und wir Menschen wissen nicht, was da alles west. Gestalten vergangener Jahrhunderte im Nebel, in den Reichen des Schwebenden gegenüber unseren Gesteinsböden mit dem Gegenattribut Wasser.

K stand auf, holte in der Küche ein Glas Wasser, trank es aus, drehte sich darauf auf die andere Seite in seinem Bett, um etwas Besseres zu träumen. Licht abgeschaltet, bitte nun auch das Denken in der Vollmondnacht. Wau neben dem Bett knurrte im Schlaf. Vielleicht hatte ein Geist ihm im Hundetraum den Knochen weggenommen. Der erinnerte doch immer noch an das Leben. In einem Gedicht eines ihm bekannten Bildhauers hatte er gelesen: *Die Standfestigkeit überfordert das Konzept.* Also morgen wieder die Standfestigkeit, und jetzt doch endlich die Wonne des Liegens und Schlafens. Die Standfestigkeit – das Alter brachte verschiedenes Wanken.

Der alte hundertprozentige Geschichtslehrer

Baldimor Kuchelpeter war ein Neuzuzüger im Dorf und suchte Kontakt. Es schien sich um einen interessanten Mann zu handeln. Baldimor hatte Geschichte studiert und ein Leben lang den entsprechenden Unterricht erteilt. Doch war die Begegnung im Bistro doch etwas überraschend. Aber die Menschen sind eben so verschieden wie das Kraut in Feld und Wald oder die Fische im Meer. Baldimor Kuchelpeter hatte sich mit dem Alter derart in sein Geschichtsfach verbissen, dass er, wie es schien, manchmal nicht mehr wusste, wann er eigentlich lebte. Und man hätte meinen können, die unglückliche Königin Maria Stuart sei seine Geliebte gewesen. Aber er erzählte noch von andern. Auf jeden Fall wetterte er gegen die Elisabeth von England, diese kalte Königspuppe. Ich sagte ihm, seine negative Umschreibung habe doch damals zur politischen Propaganda der Festländer und Katholiken gehört. Aber das mit der Religion, besser Konfession, war ihm gleichgültig, denn er war auch nicht auf die Maria Theresia vom Habsburgerreich gut zu sprechen. Er hege Mitleid mit dem Fritz, Frédéric le Grand, von Preussen. Es gebe nicht nur die männliche, sondern auch die weibliche Herrschsucht. Dieser Baldimor war von grosser, hagerer Gestalt. An seiner Stirne brachen sich die Wellen wie an einem Ufer. Er trug noch Krawatte in grau und dunkelblau. Ein weisser Schopf, etwas erstaunte Augen. Es sei zwischen den beiden auch um Gesetz und Freiheit gegangen, wobei es bei den Gesetzen oft um Beschränkung, Lebenseinschränkung gegangen sei und um Ausschliessungen, eben bei dieser Theresia. Er liebe die Jane Seymour. «Wie bitte? – Ist dies eine Amerikanerin oder Engländerin? War sie schon einmal im Dorf bei ihnen?» – «Ja, im Kopf, in der geistigen Dimension, aber selbstverständlich nicht real.» Es handle sich doch dabei um die englische Königin unter Heinrich VIII., so feinsinnig gezeichnet vom Maler Hans Holbein dem Jüngeren, allerdings mit etwas verkniffenem Mund. Sie sei von Heinrich nicht umgebracht worden, sondern im Kindbett verstorben und habe ein schönes Grabmal. Sie habe ja schliesslich den Nachfolger auf dem Thron geboren. Ich sagte: «Ja die Geschichte, sie leben stark in dieser Geschichte, für die übrige Menschheit ist diese kaum noch präsent.» Ob er denn auch eine lebendige Lady geliebt habe. Darauf reagierte Baldimor Kuchelpeter etwas unsicher und wollte nicht herausrücken, schlürfte seinen Schwarztee. Ich sagte darauf abschliessend: «Das ist wohl eine andere Geschichte. Die Geschichte der Menschheit ist ein Gewicht wie auch die eigene Lebensgeschichte. Man braucht etwas mehr Flugbenzin, wenn man sie beim Fliegen mitnimmt, leichter ist es, einfach im Augenblick zu leben.»

Kuchelpeter erwiderte, er liebe eben die verschiedenen Jahrhundert-Landschaften der Geschichte mit ihren Menschen, besonders im Alter die Frauen. Er stöbere sie quasi auf, ziehe ihr Leben aus den Bibliotheks- und Archivgestellen heraus an seine Luft. Das sei ein riesiges Vermögen. Ich meinte, die Lebenserwartungen würden doch immer enttäuscht. Das werde ganz verschieden verkraftet. In der menschlichen Geschichte wie ein Vogel herum zu schweben, sei auch eine Freiheit. Seine Augen stahlten auf wie ein Scheinwerfer und ich lachte.

K's Weihnachtsfest mit Krippenspiel

Weihnachten, das kindliche Fest, mit dem Wunder des ent-
stehenden Lebens, der Geburt, nicht der Kinder eigentlich,
denn das *Kind in der Krippe* ist noch zu klein. Doch hängt
viel Hoffnung am Kleinen. Weihnachten, bevor das neue
Jahr wieder geboren ist im Zyklus der Jahre, des Kreisens.
Was sollte K an Weihnachten tun? Eine Verlegenheit. Nein,
Christbaumkugeln hing er nicht in seinen Bonsaiwald, auch
keinen Flitter. Ein paar Tannenzweige in der Stube verteilt,
Kerzen, ein Engel, glasig-weiss am Fenster. In ein Kinder-
krippenspiel gehen. Weihnachten, so richtig kindlich. Damals, in der Primarschule, hatte er auch mitgemacht. Erinnerungen.

In der Kirche Kinder und Eltern. Vorne die gemalten
Kulissen, ein paar Tannen und Mauern, ein Bogengewölbe,
wohl für die Krippen-Schlussszene. Vorbeihastende Betreuer
und Akteure. Ein Orgelspiel zu Beginn, dann liefen sie durch
den Mittelgang, jedoch nur die Hirten mit den Mänteln, Stab
und Schlapphut; die meisten Kinder krochen, als Schaf verkleidet, in weisser Woll-Kapuze und daran angenähten Ohren. Darauf ertönte sofort eine Bubenkinderstimme mit der
Geschichte vom kleinen Schäfchen, das immer mit ihm auf
dem Strohsack schlief, bis er dann in der zweiten Szene stot-
terte, weil es am Morgen aus seinen Armen verschwunden
war. Aber zuvor hatten sie alle zusammen ein Lied gesungen
vom Schäfchen. «Du musst dich auf die Suche machen», sagte
der Vater des Buben, zwei Jahre älter als er. Und die Mutter
füllte ihm seinen Beutel, gab ihm drei Kerzen mit. Er solle
Licht verschenken, denen er begegne auf dem Weg des Su-
chens. Aha, eine Weihnachtsparabel eingebaut, lehrreich für
die Seele aller. Anweisung, Hinweisung, man befand sich ja

in der Kirche. Jetzt sangen sie wieder, die Kinderstimmen, nicht schön, aber kindlich.

Seine erste Kerze verschenkte er einem Blinden, möglich, dass der nun an Weihnachten sehend wird. Dann ging's zu den finsteren Tannen, wo der Räuber wohnte. Der lachte, als der Bub nach dem Lämmchen fragte. «Hab ihn schon verdaut, den Lämmerbraten.» Nein, wollte den Buben nur erschrecken in der Rolle des Räubers. Der holte seine zweite Kerze hervor, und ihr Licht zündete hell in die schwarze Seele des Räubers, ja er begann zu tanzen. Der Lammsuchende aber wanderte weiter und kam zum Bettler mit seiner letzten Kerze, der ihm von Sternschnuppen erzählte und von einem Stall, nicht weit von hier, mit einem kleinen Kind. Jetzt schritt ein Betreuer in die Szene und räumte die dunklen Tannen beiseite. Dann trat der Josef auf mit einem kleinen, blauen Mariechen zur Seite. Der Betreuer hatte die Tannen in den Hintergrund gestellt und dafür die Krippe mit dem Kindlein ganz nach vorne zu den beiden. Mariechen schien glücklich und spielte mit den Ohren des Schafes vor ihr. Und nun die Überraschung für den Suchenden: Sein Lämmchen stand da, gab sich mähend zu erkennen, ganz nahe bei der Krippe.

Was anderes sollte der Bub tun? Er liess es beim Jesuskind, schenkte es ihm. Es konnte nun mit dem Lämmchen im Arm schlafen. Aber wie war es geschehen, dass das Tierchen zum Jesuskind gefunden hatte? Die Welt voller Fragen. Sie hingen wie die Blätter an den Bäumen, nicht Palmen, es handelte sich um ein europäisches Christkind. Zum Schluss krochen die Schafakteure wieder durch den Mittelgang bis nach draussen.

Zu Hause hatte K sich zuerst um seine Tiermenagerie zu kümmern. Was soll Tieren an einem Wintertag denn anderes im Sinne liegen als das Fressen. Mach auf, mit dem Schwanz gewedelt, hungerheftig der Hund, die beiden Katzen lediglich mit ihren allgemeinen Ausschlägen. Meist verzogen sie sich nach dem Fressen zu ihren Schlafplätzen, wobei Hund und Katzen sich hie und da das Sofa streitig machten, vielleicht je nach Mondstand. K wurde es durch die Tiere bewusst, wie lange wir Lebewesen während unserem Erdendasein schlafen müssen, was er seinerseits mit dem Alter als grotesk empfand. Er braute sich ausnahmsweise einen Schwarztee, zündete ein paar Kerzen an und holte sein Kästchen mit der Postkarten-Sammlung aus dem Schrank. K hatte einige gesammelt. Darunter auch von Bethlehem, die ihm eine bibelfromme Seele einst geschickt hatte. Seine Reisen während seines Lebens waren als Postkarten, Postkartengrüsse präsent, die ersten noch handkoloriert. Reduktion nannte man dies, bis zur einfachen Gedächtnisstütze, alphabetisch geordnet. Heide, die Lüneburger Heide, aber ohne Krippe. Seine Reisedestinationen unter *A*: Arolla, Aachen, Ahrhus, Aarau etc., unter *B*: Baden, Bern, Berlin, Braunschweig, Bremen. Aber es war schwierig, die Reiseerlebniswelt alphabetisch einzuordnen. Die ganze Einrichtung eher eine Verlegenheit. Zurück in den Kasten, der Fernseher aufgedreht, aber mit Songs, die kaum weihnächtlich tönten und immer mit demselben Sound. Sein Katzen- und Hundevolk schlief friedlich in den Kissen. Das Jesuskind wohl auch schon längst in seiner Krippe, also …

Der Neujahrsbrief

Mein Lieber,

wünsche Dir ein gutes Neues Jahr, wobei wir Menschen in Mitteleuropa meist hoffen, dass es so weiter gehe wie bisher, denn schlecht leben wir ja nicht, wenigstens im Durchschnitt. Daher verzichten wir ja auch um Zukunfts-Prophezeiungen. Allerdings geht es dabei in der mittleren Altersklasse um die Arbeitsstellen, bei uns Älteren steht die Gesundheit zuoberst auf der Wunschliste für das Wohlverhalten unseres Körpers. Das Unerwartete begleitet aber trotz unseren Gewohnheitsallüren stets unser Leben. Das Schicksal steht in den Sternen, die richten's, sagen wir launisch, eben mit einer gewissen Unsicherheit; man weiss ja nicht, was das eventuelle Jenseits einem einbrockt. Leichter ist es, an den Zufall zu glauben. Und glauben heisst immer angenommen, dass ..., Sicherheit für eine Wahrheit besteht nicht.

Da unsere Zukunft also sowieso sich hinter dem Vorhang befindet, lassen wir das Thema. Aber ich habe mir auf's Jahresende etwas überlegt, nämlich, wie es sich mit einem eventuellen Jenseits verhalten könnte. Ich ging von der Annahme aus – die Wahrscheinlichkeit dafür ist nicht unbedeutend – dass wir Menschen Natur und Tierwelt unterschätzen. Die Tiere sind intelligenter, nehmen mehr wahr, als uns lieb ist, besitzen wohl auch so etwas wie eine Seele, wenn wir schon eine für uns reklamieren, wobei das Mögliche in diesem Strange der Überlegungen weiter reicht bis zu den Pflanzen. Auch sie besitzen vermutlich eine Seele, mindestens einen Seelenfunken. Und wahrscheinlich fürchten sie sich, wenn einer mit der Gartenschere oder gar Säge daherkommt, quasi instinktiv, ganz ausstrahlungsmässig. Du weisst, ich bin kein Esoteriker, aber ich überlege eben einiges mit meinem

Denkinstrument und stelle Vermutungen an, verschiedenen Grades.

Das Problem: Wenn das mit dem Seelenfunken zum Beispiel stimmen würde, dann müsste man sich vorstellen, dass es in einem möglichen Jenseits eine riesige Administration und Bürokratie brauchte. Wie will man dies verarbeiten, wenn eine Ziege einen Grashalm frisst? Ihr Seelenfunke muss sich ja irgendwo sammeln und administriert werden, um erneut eingesetzt werden zu können. Glücklicherweise sind die Luftareale und kosmischen Gasfelder, ist der sogenannte leere Raum, der kaum leer ist, riesig. Eine Administration des Seelenlebens auf Erden müsste mindestens zehn- bis hundertmal grösser sein als die Erde, um das alles abwickeln zu können. Du kannst mir antworten, ich sei ein Phantast – aber ich denke. Also, ein gutes Neues Jahr.

Dein K.

Mitten im Winter: Ableben des Wau

«Herr, Herr …, weiss nicht wie sie heissen …, wo haben sie ihren Hund?» K drehte sich um. Der Junge mit dem Bürstenschnitt, wie man früher sagte, und der den Fahrplan der Züge auswendig wusste, stand fragend vor ihm. «Ja, leider, der ist nicht mehr, lebt nicht mehr.» – «Wu oder Wau hatte er doch geheissen.» – «Ja, Zuzu-Wau. Lag am Morgen auf der Matte und rührte sich nicht mehr.» – «Habe beobachtet, dass er bei ihren Runden vor einiger Zeit hinter ihnen lief und sie warteten auf ihn.» – «Ja, mit dem Alter geht es immer langsamer. Auch ich laufe nicht mehr so schnell wie früher, etwa in ihrem Alter, da pfeilte ich noch durch die Gegend.» – «Und … sind sie traurig?» – «Hemm, ja schon, natürlich. Traurigkeit und Tod gehören zu unserer Natur. Ich habe zwei für mich wichtige Grundsätze: Erstens, so wie man sich bettet, so liegt man und zweitens keine Regel ohne Ausnahme. Unsere Regel ist das Leben, der Tod ist die Ausnahme. Wie wir ihn empfinden werden oder nicht, wissen wir nicht. Bei und für unsere Lieben, falls wir solche in unserem Kreise haben, ist es anders. Er überfällt uns mit der Traurigkeit. Dann kommt wieder der erste Satz zu tragen: ‹So wie man sich bettet, so liegt man›. Das Leben als eine Komödie betrachtet, nicht als eine Tragödie, wenn immer möglich. Psychohygiene um durch zu kommen. Aber wieder eine Trauerfoto mehr auf dem Tisch.» – «Interessant, was sie sagen, und jetzt, werden sie sich einen neuen Hund kaufen?» – «Mit der Zeit werde ich mir einen erwerben. Ein nächster Satz: ‹Die Zeit heilt die Wunden›».

Aber jetzt ist tiefer Winter, alles steinbeingefroren, all die Bäume schneeverpackt, selbst die Wasserhahnen der Schrebergärten sind schneebehaubt. Die Vögel um die Vogelhäuschen versammelt, herum hopsend, einander verjagend. Schlechte Welt! Und so schön die weisse Pracht! Aber für das Alter ist der Winter nicht sehr bekömmlich. Und uns beiden wird kalt. Danke für die Nachfrage.» – «Also, einen guten Wau für das nächste Jahr, eine Zizi-Wau vielleicht.» Er ging, winkte mit seiner rechten Hand, sein Handrücken wie ein Buchkarton.

Die Stechpalme mit den roten Beeren hatten die Amseln beinahe kahlgefressen. Ein nervöses Umherschwirren, wie bei den Zügen auf einem Hauptbahnhof in einem gerafften Film. Fressen, fressen! Um ein Sein zu haben, braucht es offensichtlich eine Zielsetzung primärer Art, sagte sich K, der dann weitere folgen können. Die primäre Zielsetzung des Seins ist das Fressen oder Essen. Das materielle Sein – das Sein, verbunden mit der Materie – ist darauf angewiesen, mit dem Effekt steter Erneuerung des Seins-Zustandes. Und die Tausenden von Menschen am Hauptbahnhof haben alle auch ihr Ziel, aber verschiedenster Art. Leben, das heisst Ziele haben.

Im Schwarm und die Sklaverei
unserer Tage

Trüber Tag. Mautz, der Tiger, hatte wieder einmal einen Vogel gefangen. Dieses Elend der Welt! Habe beobachtet, dass die Vögel, je nach Art, in ihrer Existenz einem starken Gruppendruck ausgesetzt sind. Ein Schwarm schwarzer Punkte am Abendhimmel, mit Lauten als würde *geschumpfen*. Hinter ihnen mit grosser Flugkraft und ungeduldiger Hast ein Nachzügler, der doch im Schwarm sein sollte und wollte. Anders die Rotkehlchen als Einzelgänger. Hüpfen für sich herum, an Orten, wo das Spatzenvolk nicht verweilt, am Brunnenrand, auf dem Gartentisch. In die Einsamkeit geboren oder in den Schwarm. Junge Menschen verhalten sich des öftern wie die Vögel im Schwarm. Dabeisein, Mitsein. Wir Menschen differenzieren mehr: Das mit dem Alleinsein geniessen oder im Familien-Clan leben oder dann und wann Kollegen treffen.

Trüber Tag. Das Elend der Welt. Noch würgte es im Hals nach der letzten TV-Sendung aus Ostasien mit dem Mädchen, das durch die Mutter quasi verkauft wurde, ohne es zu wissen. Diese hatten nichts mehr an Besitz. Ihr Land gehörte einem Reichen. Kein Acker mehr, zu einem Spottpreis abgeluchst, um nicht zu verhungern. Arme werden ärmer, Reiche reicher. Blieb ihnen die Tochter. Eine Stelle im Nachbarland – realiter in die Sklaverei verkauft, in eine Arbeitsgefangenschaft rund um die Uhr ohne Lohn, dazu dem Patron hinhalten und schwanger. Die Mutter hatte gesagt, der ihr die Stelle vermittelte – unter fremden Vorzeichen – sei ein frommer Christ gewesen, auch der Patron. Am Arbeits-Sklavenort hätten sie für ihre kranke Mutter auswärts gebetet, da habe sie die Gelegenheit benützt und sei geflohen.

Nach Jahren mit dem Kind wieder in der elenden Hütte mit der Hängematte, mehr ein Unterstand. Wieder nichts zu essen, nun mit dem Kind, also Hunger. Da hängte es der Tochter irgendwie aus. Und sie sagte, sie habe das Kind auf die Welt gebracht, um sich am Vergewaltiger zu rächen. Sie schlage das Kleine. Böses erzeugt Böses. Elend dieser Welt. Warum können so viele nicht normal leben auf dem Planeten Erde?

Erneutes Nachdenken

Nachts, nicht schlafen können. Ein Zwischenwachsein mit anstürmenden Gedanken. Die Zeit? Es wird drei Uhr sein. Blick auf die Uhr: Zehn Minuten vor drei. Die Erkenntnis: Die Entwicklung der Technik bringt uns vermehrt Probleme; vorteilhafter wäre es, endlich den Menschen besser zu entwickeln. Dann der Seitensprung zur Phänomenologie der Erscheinungen: Eine Erscheinung von einer Realität kann sehr geisterhaft vor uns auftauchen, etwa die Schneegebirgsketten aus der Ferne, so leicht und luftig, doch die reale Natur der Gebirge ist ganz anders.

Todesanzeige
für den Schattenspezialisten

Wieder ein Original weniger, andere würden sagen ein Sonderling. Ein anderer Mensch, eine besondere Ausgabe, weit ab vom Trend, von jeder Konfektion, kein typischer Bäcker oder Bänkler, und selbstverständlich kein Computerer, eine einmalige Ausgabe Mensch, ausserhalb der Auswahlkiste der Typologie, es sei denn die der Sonderlinge. Und nun die Todesanzeige auf dem Tisch. Altersgemäss spezialisiert sich der Brief-Kasten darauf. Also, der Franz Xaver Liebholzer war nun dran gewesen. Abgabe seines Holzes im Lebensstafettenlauf an die Nachkommen.

K hatte ihn vor Jahren an einer Generalversammlung des Vereins der Baumfreunde kennen gelernt. K war Mitglied, weil er ja seine Bäume auf dem Stubentisch hatte. Der Franz Xaver aus einem völlig anderen Grund. Er interessierte sich nicht unbedingt primär für die Bäume, sondern für die Schatten, welche Stamm und Äste auf die Wiesen warfen. Die fotografierte er und besass eine umfangreiche *Schattensammlung*. Er hatte sich auch als Schattenjäger bezeichnet, und K sagte: «Du bist ein Schattenforscher.» Es waren die durch den Wechsel von Helle und Dunkel entstandenen Strukturen, in die er vernarrt war. K schickte ihm einmal ein Foto von einem Brunnentrog mit Gitterstrukturen einer nahen Holzpalissade darauf. Das war irgendwie geometrisch und doch nicht. Bei ihm zu Hause türmten sich die Fotoalben mit: er als Schatten in vielen Variationen, beim einen Bild in seinem dunklen Körper noch erkennbar eine Wiese mit kleinen blauen Blumen, die Hand erhoben wie zum militärischen Gruss. Fotos, hell-dunkel gestreift, wie bei den Zebras, Baumgeäst, das über eine Schneehalde kriecht und sich verknotet, Blätterschatten an Baumstämmen oder die Silhouette eines Wald-Menschen am Baumstamm, ein Schattenbaum am Schneehang, der Schatten einer Faust auf einer Steinplatte, die Schatten der Schmiede-Eisenrosen am Tor, der Schatten eines Berges schwarz in einem grössern weissen Schnee-Gebirge oder der Schatten geschliffener Gläser und, und, und ... Freilich, dieses Hobby als Schattenfotograf konnte der Franz Xaver Liebholzer nur draussen ausüben bei Sonnenschein.

Die eine Foto mit dem Geblume in seinem Körperschatten wies auf eine andere Eigenheit des Liebholzers hin. In seiner Wohnung war alles, was möglich war, blau, also die Vorhänge, die Kissen, Teppiche, Vasen, Bilder. Er spielte Orgel – nur Händel – aber die war natürlich nicht blau, aber die Kerzen neben dem Notenpult. Auf die Frage, warum er diese Farbe derart vorziehe, antwortete er, er sei im Sternzeichen der Jungfrau geboren worden und die sei doch blau. Eine blaue Jungfrau – in welchem Animationsfilm? Nun, weder Schatten noch die blaue Farbe stören jemanden; es war sein Recht, besondere Dinge für sich zu beanspruchen. Das war auch eine Möglichkeit, für sich eine besondere Persönlichkeit aufzubauen. Doch bleibt jeder Mensch letztlich ein Rätsel, aber selbstverständlich in verschiedener Dosierung. Es gab in der Begegnung mit dem Baum-Kollegen noch völlig Unverständliches, nicht Nachvollziehbares, sehr Kurioses.

Nein, man sah ihm nichts an. Vielleicht hatte er ein Gesicht wie ein Apfel. Das schien K einmal so beim Süssmosttrinken an der Apfelbaum-GV. Auffällig waren aber die schweren blauen Vorhänge seiner Behausung, blauer Damast oder so was ähnliches. Dabei redete er oft über offene Fenster, die Glücksmomente der offenen Fenster, der Zeitfenster, wie er diese einmal bezeichnete. Leider seien sie meist geschlossen, verschlossen. Nach ihm gab es wohl in seinem erdachten Jenseits eine Macht, welche den Menschen die Fenster öffnete oder verschloss. Wenn sie klug waren, benützten sie die seltenen Momente der geöffneten Fenster, um quasi die *heilige Luft* hineinzulassen, die göttliche Segnung des offenen Fensters. Das Fenster offen für die Brautschau – dann wieder drei Jahre zu.

Franz Xaver Liebholzer, dein Fenster ist wohl jetzt zu. Vielleicht ergötzest du dich nun bei deinen geliebten Schatten in der Schattenwelt, vermutlich ohne jede Farbe. Das Blau des Himmels verloren. Vielleicht alles grau, je nach Seelenstimmung, streichinstrumentenartig, vielleicht bister, mauve, dunkelbeige. Nein, damit wirst du dich nicht ergötzen können, denn das Wesentliche bei den Schatten wird fehlen: die Sonne. Aber wir wissen ja nichts. Jetzt sitzt deine Seele vielleicht auf einem Apfelbaum und mag sein, du verwandelst dich vorübergehend in einen Vogel, um nochmals etwas von unserer Welt zu erhaschen, doch Vogelaugen sind nicht Menschenaugen.

Miau! Miau! Miau! Mein Tiger will wieder Futter. Nein, keinen Vogel, hab ich nicht.

Neu der Dackel und der Frühling

K's brauner Dackel Wuzuwau hatte noch mehr Bodenkontakt als sein seliger Vorgänger Zuzuwau mit seiner Schnüffelnase, wenn er sich nicht gerade, noch jung, um seine eigene Achse drehte, im Versuch, seinen eigenen Schwanz zu erhaschen. Man konnte meinen, er störe ihn, jedoch brauchte er ihn stets, um seine Freude kundzutun, wenn sein Meister nach seinen Liegephasen – natürlich des Hundes – weiterzog und er ihm folgsam nachtrippeln konnte. Und da es Frühling wurde, war dies wieder öfters der Fall. Ja, die frühere Parkbank wurde wieder aufgesucht für alle Geruchs-Kontakte des Wau und auch die menschlichen des Herrn K. Das Wasserbecken war wieder frisch gereinigt. Dort zog es Wuzuwau hin mit seinem Leinenzug, vielleicht, um sich selber im Wasserspiegel zu bewundern. Auch war das Nass ein erstaunliches Phänomen für den jungen Hund, das er mit seinen Pfoten immer wieder begutachtete und erprobte. Auch ergab es sich, dass K wieder seinen Spazierkollegen und quasi Freund, den Altlehrer, vermehrt nun traf, der ihm von seinen neuen Lebensereignissen berichtete.

Dieser wollte in seinen alten Tagen eine neue Wissenschaft begründen, wie er berichtete, initiiert durch Vogelbeobachtungen: Die kleinen Vogelkörper pflegten doch, wenn sie auf einem Zweig sassen und sich wiegten, ihren Kopf einmal nach links, dann nach rechts zu drehen und zu wippen, in beinahe blitzschnellen Übergängen, in nicht gleicher Weise, je nach Vogelart, welche Beobachtung ihn veranlasste, auch auf die Bewegungs-Abläufe bei den Menschen zu achten. Da hatte doch jeder seine eigene Bewegung in der Gangart, in der Kopfhaltung. Zum Beispiel, wenn jemand sprach oder die Zeitung las, eine geheimnisvolle Gen-Inschrift, wohl in

Urzeiten angelegt, wie bei den Schriftzeichen in der Grapho-
logie, die versuchsweise die ähnlichen Phänomene erfassen
will. Die Muskelbewegungen der Menschen waren nach der
Meinung des Altlehrers noch in keiner Weise erfasst, abgesehen vom Anthropologisch-Medizinischen. Das musste doch
aber irgendwie mit den Schriftzeichen verwandt sein. «Es ist
doch nicht gleichgültig, ob einer beim Sprechen nach vorne
wippt oder zur Seite mit dem Kopf». So die Altlehrerstimme.

Aber K schüttelte ungläubig den Kopf, und Wuzuwau
äugte unter der Bank kritisch-fragend hinauf, im Hundeauge
irgend eine Misslaune. «Weiss nicht, ob sich daraus eine Wissenschaft machen liesse und ob die Natur Hintergedanken
hat, wenn einer mit dem Kopf nach vorne wippt, der andere zur Seite. Interpretationen sind im menschlichen Gehirn
immer bereit und abrufbar, so wie bei den Träumen und der
fragwürdigen Traumdeuterei. Dasselbe dürfte für das Hände-
spiel beim Reden gelten. «Hast vorher die Hände ausgebreitet,
als wärst' der Prophet, bist es aber nicht», erklärte das skepti-
sche Gegenüber. «Ist vielleicht interessant, aber nur vielleicht.»

Jetzt bellte der kleine Wuzuwau, wohl weil eine grosse
Hundedame vorbeipromenierte, ohne auf ihn zu achten, den
kleinen Köter. Haben kleine Hunde Minderwertigkeitskom-
plexe? Oder war das Anerkennung – oder Furcht? Die richtige Dame, die ihn an der roten Leine führte, hatte rote Lippen
und ein frauenältliches Gesicht und war mit einer Freundin
im Gesprächsfluss versunken, die ebenso alt aussah, aber immer noch keck. «Und die Falten im Gesicht? Was sagen die
aus?» – «Ach immer wollen wir alles ergründen, anstatt uns
am Leben zu erfreuen.»

Tiger stiess einen Bonsai vom Tisch

Der Tiger hatte am Rand des Tisches beim Bonsaiwald einen Baum umgestossen. Er war auf den Teppich hinuntergefallen, hatte seine Erde ausgeschüttet und sein Wipfel war abgebrochen. Er pfeilte schuldbewusst hinaus, aus dem Baumsalon mit einem klagenden Miau, während seine Gefährtin sich zuerst hinter einem Stuhlbein versteckt hielt und darauf hinausschlich, zuerst langsam, dann ebenso pfeilschnell. Bäume sollten doch nicht umfallen. Das taten sie aber auch draussen bei Sturm, wegen nagenden Bibern, wegen ihrem Alter oder wenn man sie fällte. K wird der Katze als Strafe das nächste Futter verweigern. Soll eine Maus draussen dranglauben. Ärgerlich!

K holte sein Baumbesteck und murmelte einen besänftigenden Spruch vor sich hin, vielleicht *Mensch ärgere dich nicht*. Wirst einen neuen kaufen, was ja auch positive Gefühle mit sich bringen konnte. Und am nächsten Tag wieder Friede mit dem Tiger schliessen, auf ihn einreden, am Schluss erneut streicheln. Aber er musste zugeben, dass er den Namen *Tiger* nicht mehr wählen würde, da neulich im Fernsehen ein Sibirischer Tiger ein junges Bärchen im Winterschlaf aus einer grossen Stammhöhle herausgeangelt hatte, laut aufgestellter Kamera, sich in seiner ganzen Grösse aufrichtend, Pfoten und Krallen gestreckt. Und das war nicht nur im Fernsehen geschehen.

Ein Amphibienzoo statt Bonsais

Im Nachbardorf, in Hondehalte, wir sagten Hundehalte, weil es dort viele Hunde gab, beziehungsweise Hundehalter, welche ihre Hunde mit der Menschenleine durchs Leben begleiteten, kannte K, von längeren Spaziergängen her, früher noch mit Zuzuwau, den Frithjof Mampf. Aber dieser hielt keinen Hund an seiner Seite, weil er es liebte, wenn die Leute schwiegen und man so rätselhaft nebeneinander sass. Seine Nichthunde bellten nicht und seine Gegenüber schwatzten nicht, so in der Art, «ja die Frau Meier …». Er liess solche Schwatzwesen nicht an sich heran, war eigentlich ein Schwatzbesen, also das Gegenteil, wischte alles zusammen, all die Schwätzerei, wollte sauberen Tisch und Vorplatz beim Haus ohne Schmutz und Schwatz.

Der Frithjof Mampf betonte, er sei ursprünglich nicht von Hondehalte, sondern von Pumpenbach. Es schien tatsächlich, als pumpe seine Tiermenagerie sich dauernd die Luft durch die Rachenschleusen mit ihren Luftsäcken als Wangen. Die giftige Spinne natürlich nicht, aber die dicken, sattgrünen Frösche, als wären sie frisch gestrichen, und dann die verschiedenen Echsen und Ghekos. Sein Amphibienzoo war viel aufwendiger als K's Bonsaiwald. Glücklicherweise musste dieser nicht fressen, nur hie und da ein paar Wasserperlen schlucken. Der Frithjof musste Fliegen fangen mit besonderen Zuschlageinrichtungen, im Sommer Grillen und kleine Kriechtiere, oh Graus! Und wenn man seine Saurier aus dem Käfig nahm, brünzelten sie einem ungeniert in die Hand. Zugegeben, interessant war, dass sie doch nicht wie alte griechische Götterstatuen nur dastanden, vielleicht noch mit dem einen Auge äugten, nein, sie bewegten sich, vielleicht nach einer Stunde. Weil sie sich in der Regel nicht bewegen, sind ihre Bewegungen als Ausnahmeerscheinung so spannend. Für den Winterschlaf – oder ist es der Sommerschlaf? – hielt Frithjof Mampf einige Tiere unterkühlt in seinem Kühlschrank. Unten die Echsen, oben die Würste mit dem Sauerkraut. Man versteht, dass er, eben ausser dieser Zeit des Winterschlafes dauernd in Bewegung war, wie ein Kasper, dessen Schnüre ein übermütiges Kind zog. Das war aber nicht ein Kind, sondern die Tierhaltung.

Warum er sich solches auferlege – er wusste es nicht. Er fühle sich von allem Urtümlichen angesogen und verpasse keinen Film über zum Beispiel die Dinosaurier, glücklicherweise seien sie heute nicht mehr so gross, die Spezies der Tierveteranen unserer Erde. Es handle sich bei ihnen um das Rätsel des Seins. Es sei sicher, dass dieses Sein etwas mit dem Schlaf zu tun habe. Seine *Saurier* seien eigentlich Schlaftiere. Vielleicht träumten sie lieber, als in unserer normalen Wachexistenz zu leben. Das Leben ein Traum. K hatte darauf hingewiesen, dass es für seine Generation schon etwas sonderlich sei, dass er sich für diese Tiere interessiere, denn in ihrer Jugend seien diese Urtiere ja noch kaum präsent gewesen wie heute bei den Kindern. Der Frithjof erwiderte, es sei vielleicht ein Zufall gewesen, aber er habe auf einem Ausflug als Kind mit seinem Vater seine Stiefelchen in die versteinerten Fussstapfen eines Sauriers gesetzt, vielleicht sei dies das auslösende Erlebnis gewesen.

K berichtete darauf, was seine positive Motivierung betreffe, in Bezug auf diese Tiere, so müsse er bei sich vom Gegenteil berichten. Seine Grossmutter sei sehr bibelgläubig gewesen, habe aber darum herum in ihrer Frauenrunde hoch ihr Garn gesponnen. Sie sei der Meinung gewesen, die Saurier seien nichts anderes als die gefallenen Engel gewesen; als Strafe habe sie der Liebe Gott in unmögliche, schwerfällige Tiere verwandelt, nicht gerade Teufel, aber in gigantische Fleischfresser – in Wahrheit waren jedoch diese eher kleiner und wendiger als die riesigen Grasfresser – oh Jammer! – die dann durch das Aussterben endlich erlöst worden seien. Sie lachten. «Zugegeben», fuhr der Mampf fort, «das Chamäleon, das ich besitze, ist ein sehr schönes Tier, das kann kein gefallener Engel sein, eine originelle Schöpfung mit seiner kuriosen Linienführung, mit den Schillerfarben, den Tatzen, der langen Zunge. Die Augen das Schönste und Wichtigste, sie sprechen von einer ganz anderen Welt als der uns bekannten.

Er hatte ebenfalls ein Penchant zum Chinesischen, dieser Frithjof, ein grösserer blassgrüner Wandschirm mit einem schwungvollen gelben Drachen zierte sein Wohnzimmer, dort, im fernen Ostasien ja ein Glückstier, meist am Himmel und nicht auf den Erdschollen, voller Bewegungslust, im Gegensatz allerdings zu seinen Echsen. Wie soll man sein Leben verbringen – in einem Feuerwerk oder im Kühlschrank? Wir Menschen sind temperierte Wesen mit einigen Ausnahmen. Frithjof Mampf servierte dem Gast einen orientalischen Tee und hartes Knuspergebäck mit Gesundheitsanspruch. Es zog K immer wieder zu Sammlern, und der war ja ein ganz anderer als K mit seinen Bonsais.

Am meisten Schmetterlinge

Im Café bei einem Kaffee mit proper-farbigem Tischtuch und dezentem Schottenmuster. Die schöne, vornehme Pendule an der Wand. «Passen wir da hinein?» fragte der Altlehrer, in diese Damenkultur, welche das wilde Leben zu stilisieren versucht und wie der gerade Kamm die wirren Haare zurechtweist. Domestizieren, die Gegensätze mildern mit Kaffeebraun und eventuell sogar Schummergelb und mit einem dekorativen Silberstreifen. Der Altlehrer, aus seiner Winterbehausung heraus, hatte schon lange nicht mehr geredet, was doch früher tagtäglich in seiner Schule auf dem Tagesprogramm gestanden hatte. Dieses Bedürfnis zu reden, wie der Lokomotivführer nach der langen Fahrt im einsamen Führerstand nachher bei seiner Familie.

Ein Biologe habe geschrieben, dass es heute auf unserem Planeten etwa 120 000 Arten von Schmetterlingen, 20 600 von Fischen, 8 600 Vogelarten und von der Spezies Säugetiere 3 700 gebe. Am meisten Schmetterlinge also. «Der Schöpfer ist Künstler oder mindestens Graphiker, ein Form- und Farbenliebhaber. Nein, sicher kein Zufall. Der Urknall und dann dieser Zufall, kannst du vergessen.» Darauf stellte K die Gretchenfrage, ob er an Gott glaube, worauf der Altlehrer konterte: «Eher an eine göttliche Schulklasse im Werkunterricht. Entweder ist er allmächtig und äusserst fragwürdig oder er ist eben nicht allmächtig. Aber Ehre für die geniale hellenistische Idee der Dreifaltigkeit von Gottvater, Gottsohn und Gottheiligergeist. – Bitte, du liebst deinen Hund und die Katzen – aber wie ist die Natur, bitte, in Wirklichkeit, grausam, ohne Liebe, Achtung, Duldsamkeit, ohne die vielen wichtigen inneren Werte. Und dann dazu das viele Unheil, die Bosheiten, Teufeleien. Meine Grossmutter in meiner frühen

Jugend redete immer wieder vom Widersacher – sie sagte nie Teufel –, und ich als Kind fand dies komisch und unverständlich. Die Grossmutter war eben alt und redete von Dingen, die vergangen waren, in den Altpfarrermeinungen. Ich hatte damals noch nichts begriffen; aber ich begreife heute, dass wir es nicht geschafft haben mit all unseren Erklärungsversuchen, das Übel an der Wurzel zu packen. Das Kosten- und Nutzenverhältnis liegt dabei im Argen. Dass durch Krankheit ein Mensch sich besonders entwickeln kann, nehme ich teilweise an. Ähnlich in unserem Christentum von den Schuldgefühlen zur Vergebung, vom Schuldigen zum Erlösten durch das *Über-uns*, durch die Jesuslegende am Kreuz. Und die Grossmutter redete vom Widersacher und der Herr Jesus von den Besessenen.

Ach, wo waren wir? Schreibe so quasi an einem Buch, berichte aber nur vom Schäumchen über dem Kaffee, verschweige alles *Wider*, streikte bei seiner Verkündigung, schreibe nicht vom Tod meiner jüngeren Schwester, nichts über die Scheidung der Älteren, nichts über das Erdbeben in Chile und die Sturmflut in Ozeanien, nichts über die Jugendmisere und Arbeitslosigkeit, nichts über die Kriege, schon gar keinen Krimi. Auf der Welt gibt es am meisten Arten von Schmetterlingen, farbige, bunte, flatternd zwischen Wiese und grünem Gesträuch, im blauen Himmel. Nichts von menschlichen Schicksalen. Schweigen darüber. Schreibe quasi vom Zwischenleben, über die Wolkenbauschen am Nachmittag und dass dein jetziger Wau, wie du sagtest, nicht so intelligent ist wie der frühere. Also hat die Welt wieder keinen Fortschritt gemacht. In der Technik schon, aber in allem andern … Der Mensch, ein Säugetier, in der Minderzahl. Die Schmetterlinge, Fische, Vögel sind wichtiger.

Schweigen. Lehrerpause. Kaffeetrinken.

Der Paukist

Alphonso Wunderlach lebte allein in einem Dutzendkubus-
häuschen am Rande des Dorfes. Er hatte zwar eine kleine
Veranda anbauen lassen, wo er bei schönem Wetter sass und
vermutlich über sein Leben nachdachte. Es schien, dass er
damit nicht ganz zufrieden war, was jedoch auf einer besonderen Interpretation beruhte, denn er tamburierte, begleitet
vom örtlichen Musikkorps, auf seiner Trommel, was aber bei
der obligaten Marschmusik nicht besonders auffiel. Aber an
Ostern, in der Kirche, wenn er beim Halleluja von Friedrich
Händel auf die Pauke haute. Er tat dies gegenüber dem Kir-
chenchor und dem ad hoc Orchester derart laut, dass diese
jedes Jahr gegen ihn mit ihrer eigenen Lautstärke ankämpfen
mussten beim örtlichen Gotteslob am Schluss des Gottes-
dienstes «Era una battaglia di Pasqua», sagte einst ein Italiener.
War dies ein Protest der Kirche gegenüber? Oder sollte der
angeblich Liebe Gott dies noch hören können weit oben in
seinem Himmel, ihn hören mit seinem Paukenschlag, dass
er besser auf die Welt aufpasse? Oder wollte er einfach den
Glauben an die österliche Auferstehung bekräftigen? Diese
Auferstehung ein wuchtiger Paukenschlag. Die Donnerschlä-
ge des alten Gottes Zeus oder Jupiter? Allerdings fehlten dabei die Blitze. Die Geigen taugten dafür nicht – Oder noch
einfacher: Er zeigte eine kindliche Freude, auf das Fell zu
hauen. Bäng! Der Alphonso: Päng! Der Alphonso: Bäng!,
Päng!

Ansonsten zeigte er sich friedlich, gutmütig, schlicht. Einen Teil seiner frühen Mannesjahre hatte er nicht im Dorf
verlebt. Einer, der ihn von früher gekannt hatte, berichtete,
er habe eine Reihe komischer Frauen gehabt. Bitte, was ist
komisch an einer Frau? Etwa dass sie nicht zu Mittag kocht?

Die Betten bei Nebel sonnt? Zum Beispiel die Wohnung nur abstaubt, wenn Besuch kommt? Am Morgen spät aufsteht, weil sie in alle Nacht Kriminalromane verschlungen hat, immer weich gebettet von unten bis oben mit dem Kopf auf dem Kopfkissen? Ihre Fingernägel nicht reinigt? Bitte, das gibt es doch nicht. Eine Frau, die Würste vertilgt anstatt Pralinen. Der Altlehrer hatte gesagt, er habe eine gekannt, die habe nur vom *Armangord* geredet, wie das immer heisse, habe also nur immer vom Jüngsten Gericht berichtet, und das sei wirklich eine komische Frau gewesen. Diese habe sich nur in ihrer Untergangs-Sekte wohl gefühlt Der Altlehrer hatte vermeldet, es seien vermutlich Künstlerinnen gewesen, seine Frauen. Aha! Was denn dieser Alphonso Wunderlach – seine Mutter wohl Italienerin – beruflich getrieben habe. Der habe doch früher aus Italien Vogelbäder importiert und vertrieben, etwas ausgesucht, muss man sagen. Übrigens, die eine habe Töpfe angefertigt und eine andere habe Mobiles gebastelt. «Aha! – Aber deswegen muss er nicht derart auf die Pauke hauen.»

Inselsehnsüchte

Man lebt im Dorf, in diesem Holunderstetten, und träumt sich doch immer wieder in die weite Welt hinaus, und zwar nicht nach New York, Buonas Aires oder Kioto, Tokio, Shanghai, sondern meist an die Palmenstrände der Inseln im Stillen Ozean von Polynesien. Da rauschen leise die Wellen, der Wind säuselt, die Sonne scheint, in den Träumen nicht so kräftig und heiss, und die Wolken führen ihre Spiele auf. Doch so weit müsste er, K, nicht reisen, eine schöne griechische Insel mit knorrigen Olivenbäumen würde die Fernsehsüchte auch erfüllen, vielleicht noch mit Säulenstümpfen und vielleicht einem Orpheus-Heiligtum samt Quelle.

Jeder eine Insel im Meer. Aber wenn das nicht im übertragenen Sinne gilt, und da ruht eine Insel im wirklichen Meer zwischen den Wogen. Darauf, auf dem kleinen Eiland steht eine junge Frau und schaut immer wieder hinaus bis zum Horizont, ob sich endlich ein Schiff nähere mit fremden Männern, damit sie endlich wieder einmal mit ihren Zauberreizen aufspielen könnte. Eine solche Szenerie geschah selbstverständlich in der Antike und vielleicht noch im Mittelalter, wenn sich ein bärtig-blonder Kreuzritter auf eine Insel verirrte wegen Schiffbruch, Wetter und Untiefen. Dann entpuppte sich die Frau als die Zauberin der Insel – nach so vielen einsamen Schiffstagen mit Meer, Meer und nochmals mehr –, welche als *Passetemps* den männlichen Besuch so lange als möglich aufhalten mochte, nur schon, um die schweren Arbeiten zu erledigen mit Mauerbau, Baumstämme richten, umgraben, ausgraben etc. Aufgaben für den kommenden Herkules.

Und selbstverständlich geschah solches ebenso im Fernen Osten und nicht nur in den griechischen Gewässern. Aber auf der Insel musste eine Prinzessin stehen, die auf Befreiung harrte. Jedoch, da eine solche Prinzessin in ihrer Einsamkeit im Osten etwas unternehmen musste, damit es ihr nicht allzu langweilig wurde, begann sie, gemäss ihren Erinnerungen vom Elternhaus und ihrer frühen Jugend, einen Bonsai-Wald auf ihrer Insel wachsen und gedeihen zu lassen, mit allen nötigen Eingriffen und Vorkehrungen – schwieriger als eine Olivenernte auf der Insel Griechenlands –, kurz, sie verschönerte ihre Welt, weil sie selbstverständlich auch schön war, was sich auf das Genadel übertragen liess. Wenn nun wirklich einer kam mit unbändigem Bartgestoppel, was sollte sie tun, ihren Wald verlassen oder seinen Bart stutzen? Geradezu eine Rätselaufgabe. Aber vielleicht, gemäss mancher Überlieferungsstelle gab sie ihm eine Rätselaufgabe auf, die er lösen musste. Das beste Resultat, wir wissen es: Er bleibt bei ihr auf der Insel und hilft ihr – nach genauer Einführung – beim Bonsaiwald und pflanzt dazu Rüben für die zukünftige Familie. So eben werden einsame Inseln besiedelt.

Sollte jedoch die Geschichte tragisch enden, wie auf einem italienischen Bild dargestellt, dann liegt sie ohnmächtig am Boden, all ihr Zauber unwirksam bei dem Kerl, entblössten Busens, hilflos, während er mit seinen Kumpanen sein Schiff – wohl inzwischen wieder repariert – erneut besteigt, um damit am Horizont zu verschwinden und um anderen Chimären zu begegnen und Abenteuern auf dem offenen Meer und noch schöneren Frauen.

Einsame Inseln, immer mit dem Gefühl der Einsamkeit. Ein Dampfer auf einer Seefläche oder auf dem Meer – wie einsam auf dem weiten Wasserspiegel, aufgewühlt am Morgen, vielleicht am Abend wie eine Metallplatte. Doch in Wirklichkeit fühlen sich die Leute auf dem Schiff kaum einsam. Oder doch? Einer, der alleine dort sitzt und ins Wasser starrt, obwohl viel Entourage an ihm vorübergleitet.

Immer wieder gibt es bei den Frauen etwas zu beobachten.

Ja, die Frauen. Die einen sprechen mit den Augen aus ihrer Seelentiefe, die andern mit den Lippenbogen und Zähnen und die meisten mit dem Mund – und dies ausgiebig. Sah neulich im Zug, wie eine Schöne einen Burschen anhimmelte mit ihrem Zähneblecken. Der Bursche sass neben seiner Angetrauten. Frauen können, wenn sie wollen, richtige Attacken ausführen gegenüber dem Manne, wie Stiere, Munis mit ihren Hörnern, aber nicht abwehrend, sondern herausfordernd. Das tun sie im Sommer bereits mit ihrer blossen Haut in den oberen Teilen ihrer Erscheinung.

Doch eine andere Welt die der gesetzten Frauen. Bodenblick. Resignation bis verdriesslich, griesgrämig. Augen hinter der Sonnenbrille, enttäuscht von der Männerwelt und wohl von sich selber auch. Als Mädchen oft zu verwöhnt, stark vaterbezogen, was später nicht eingelöst werden konnte. Attraktiv sind ältere Frauen nur, wenn sie immer noch Lebensfreude ausströmen und lachen. Schöne Zähne sehr wichtig.

Im Dorfmuseum

Nadar Baschi war Theatercoiffeur. K erinnerte sich noch an die Aufführungen in seiner Jugend, von «Der stürmischen Wilhelmine» bis zur «Verwechslung der Zwillinge» im grossen Saal des Gasthofs *Anker*, an dessen Stelle sich nun ein grösserer Parkplatz befand. Nadar Baschi war in höherem Alter verstorben und hinterliess seine Coiffeur-Utensilien dem Dorfmuseum, nebst den Theaterzetteln vergangener Zeiten, seine Schminkschatulle, einige Perücken und Bärte und Instrumente für deren Pflege und Erstellung aus echtem Menschenhaar, natürlich auch Brenn-Scheren und dazu einige Bücher mit vielen Abbildungen, teils handkoloriert, in Bezug auf das Schminken und eben die Bärte. Für Nadar Baschi waren die Bärte in einem Theater wichtiger als der Text. Für ihn mussten alle Theaterstücke haarig sein. Wesentlich war, dass sich eine Person, die schauspielern wollte, durch die Haartracht in eine andere Person mit anderem Wesen verwandelte. Aussteigen aus dem eigenen Ich, einsteigen in ein anderes. Der Coiffeur sah über den Umstand hinweg, dass er auf dem Dorftheater nicht die berühmten Stücke der Weltliteratur präsentieren durfte, das überstieg auch die Fähigkeiten seiner Laienschauspieler. Man verblieb im Dorftheater ohne Shakespeare, obwohl man heimlich an ihn dachte, Baschi vor allem mit seinen Perücken. Auf einer besonderen Fotoserie, aufgezogen auf Karton, sah er seine Modelle, und darunter standen die berühmten Namen: *Othello, Falstaff, Romeo, Wallenstein, Lohengrin, Siegfried, der Fliegende Holländer, natürlich der Götz von Berlichingen* mit besonderem Bart, *Beckmesser, Wurm*, alle mit der passenden Perücke, dem Bart und den geschminkten Gesichtsfalten. Die ganze Schar jedoch schwieg auf den Fotos im Museum, äugte höchstens etwas komisch.

Die Coiffeur-Angelegenheit fiel etwas aus dem Rahmen der Museums-Präsentation, denn da waren auch Fotos aus der Schulgeschichte, von alten Häusern und früher einst bekannten Personen, die nun niemand mehr kannte, von ehemaligen Landwirtschaftsgeräten. Dazu die Werkstatt eines Schuhmachers, Kunstschmiedes, Wagners, die Utensilien eines Störmetzgers mit Eimer und Messer etc. Auf der andern Etage der *Ländliche Alltag*, besonders der Frauen, mit den weissen Unterhosen. Gestältchen am Wäscheseil, dem Puppenwagen, der Wäscherei mit Kessel und Stampfen und Reibbrettern, Seifen, Persil und Omo, Holzpantinen. Aber auch Einmachgläser, Gewürze, eine Speckseite, Würste, die rochen, Steinguttöpfen, einer Waage und dann eine Küche mit altem Feuerherd, Gestelle und Schubladen-Mobiliar mit Wallholz, Kaffeemühle, Kacheln, dann Nähtisch, Kleiderständer behangen und zuletzt Schlafzimmer mit Heiligenbild und Bettflasche, Wecker, Waschschüssel mit Krug, Nachthafen und auf dem Nachttisch ein dickes Buch mit dem Titel «Das Lebensbuch der Frau», mit Kapiteln wie «Kinderstube», «Schulmädchen», «Lebensmai», «Gattin und Mutter», «Der gute Geist des Hauses», «Vor dem Spiegel» … Spielzeug, Jasskarten nicht vergessen.

Das alles hatten zwei tüchtige Frauen aus dem Dorf und späterer Generation zusammen getragen. K bedankte sich bei ihnen, war jedoch wegen dem Coiffeur gekommen, ging aber nie zum Coiffeur, denn dies war auch eine schwierige Aufgabe, jetzt der Haushälterin.

Der Arbeitsort des Altlehrers und Romanschreibers

«Ja, mein Lieber, wenn man älter wird, blättern die Jahrzehnte von den Wänden der Wohnung. Man muss sie überstreichen, schön weiss, mit der Alterspatina vom Untergrund, und manchen Schnickschnack räumt man weg, der einen durchs Leben begleitet hat. Habe letzte Woche die entsprechende Farbe gekauft. Nicht ganz weiss, *etwas crème*». – «Aber mein Freund Rochus, ich kann dich mir nicht vorstellen in einer gänzlich aufgeräumten Wohnung.» – «Nein, da hast du völlig recht. Ich brauche Gegenstände um mich, wenn auch nur Schaufel und Besen. Im übrigen, ich schreibe an meinem Roman nur im Keller unten. Aber du weisst, der liegt bei mir im Parterre mit einigen Fenstern, deren Hälfte ich jedoch stets geschlossen halte. So wirkt der Raum irgendwie geheimnisvoll. Ich schreibe und arbeite an einem grossen Pingpong-Tisch, auf der linken Seite davon, auf der rechten die Ablage von Zeitungsartikeln und Gartenheften zum Anschauen, auch die verschiedenen Sägen und Gartenutensilien. Hinter mir ein schwedischer Ofen und alte Körbe mit Holz für den Winter. Der Raum inspiriert mich für mein Alternativleben. In einem solchen lebt man, wenn man einen Roman verfasst.» – «Gibst du ihn mir später zum lesen?» – «Wenn es dich interessiert, warum nicht.»

«Man bewahrt im Alter seine Gewohnheiten, was für die Gesundheit förderlich ist. Was machst du, wenn dein Roman fertig ist?» – «Der ist nie zu Ende. Stehe um acht auf, esse nicht mehr sehr viel, trinke etwas mehr. Keinen Tag ohne längeren Mittagsschlaf, Nachtruhe oft spät. Keinen Tag, ohne eine Zeile zu schreiben. Wenn du dir die Gewohnheiten veränderst, die Natur macht dabei nicht mit und behält die ihre.»

Das Holz und die Metalle

Ein Lob auf die Fähigkeit von uns Menschen, aus den verschiedensten Holzarten, so viel Verschiedenartiges hervorzubringen. Und dieses Holz entspricht in der Regel unserer Seele – einzelne Techniker und Architekten davon ausgenommen –, wir fühlen uns wohl im Holz, im Holzgetäfer und erwärmen damit unser Gemüt.

Die Eibe, als der einzige giftige Baum bei uns, zum Beispiel. Der Förster trägt, wenn er sich mit ihr beschäftigen muss, Schutzmaske, und daraus entstehen die wunderbaren Musikinstrumente, die Gamben etwa, die in der ausgeglichenen bescheidenen Art im Wohlklang erblühen.

Doch dasselbe gilt für die Metalle, vor allem in unserer Zeit. Aus ihrer Verschiedenheit im Periodischen System und den wechselnden Eigenschaften erwächst die grosse Verschiedenheit der Anwendungen. Das farbenprächtige Feuerwerk über Stadt und See – mit den Farben der verschiedenen Metalle. Welch ein Glück, die Farben zu sehen!

Schnecken-Philosophie

Fragte mich neulich, ob die Gartenschnecken auch ein Sein besitzen und dachte, womöglich schon, nämlich in dem Moment, wo sich Bedürfnisse einstellen, zum Beispiel vorwärts zu kriechen bis zu den nächsten Blättern oder zur nächsten Frucht. Auf den Steinplatten des Gartens kommen sie mir wie Schiffe auf einem See vor – allerdings in langsamerer Fahrt. Aber wenn man die Schiffe auf einem See betrachtet und dann eine Zeitlang wegtritt und dann wieder Ausschau hält, dann sind sie oft nicht mehr auf dem Wasserspiegel zu entdecken und die Schnecken auch nicht auf den Steinplatten. Sehe jedoch Schnecken mit Häuschen lieber, oft kunstvoll gedreht, ebenso wie die Schiffe als die braunen Elendsgeschöpfe, von uns Menschen betrachtet ohne Haus. Und die ohne Haus kriechen offensichtlich nicht schneller als die mit ihrer Haushabe. Und lieber die Farbe Braun beim Holz, sonst eher nicht.

Und es stellen sich weitere Fragen an das Sein. Ist dieses Gefühl stärker im Individualismus oder im Kollektiv vorhanden? Im Kollektiv wirkt doch auch stets eine Auseinandersetzung mit den einzelnen Mitgliedern, sprich mit der Konkurrenz, was im Individualismus gänzlich wegfallen kann, womit diese Frage offen bleibt. Das Sein ist an verschiedene Bezüge geknüpft. Werden diese zu stark mit Gefühlen aufgeladen, resultieren Existenzschwierigkeiten. Daher der französische Spruch: *Gliessez mortels, n'appuyez pas!* Wenn auch langsam wie die Schnecken. Haftungen, von der Sympathie zur Verliebtheit, könnten sogar mit früheren Leben zusammenhängen, sollte es solche wirklich geben, direkt oder dann mittels der Vererbung, mit den Genen. Solches kann einen Menschen wie einen Blitz treffen, mit einer unbekannten Art von Erkennen. Solche Probleme haben wohl Tiere nicht. Miau! Futter!

Weitere Reisenotizen

Es ist schöner, von den Südseeinseln zu träumen, als sich mit den dortigen Sandflöhen zu beschäftigen. Fuhr zu meinem Achtzigsten zu einer Nordseeinsel.

Doch der Wind wehte mich an und meldete, er werde dann im Norden sehr präsent sein, er wohne schliesslich beim Meer. Selbstverständlich unternehme er immer wieder Ausflüge tief ins Festland hinein, er sei sehr reisefreudig. In seinen leichten Ausführungen, mit einem windleisen Auftritt sei er willkommen, antwortete ich. Jedoch mit diesen Worten war der Wind nicht einverstanden, er müsse, wie ich doch wissen müsste, viele und grosse Wolken schieben, das brauche Kraft und Stärke. Zudem bauten die Menschen immer mehr Windpropeller, ganze Wälder davon müsse er antreiben, sogar im Meer. Früher habe er da und dort einige Windmühlen gedreht. Er sei ja auch hilfreich und male gerne das Korn oder pumpe Wasser in die Höhe. Er fühle sich zwar, wie er bemerkte, früher von Seiten der Menschheit etwas benachteiligt, der Wasserkraft gegenüber bei seinen Hilfsangeboten. Ob er bereits die schönen Segler vergessen habe, sagte ich ihm. Ja, mit denen spiele er auch heute noch gerne ein Kinderspiel; es gebe zwar nicht mehr viele, lediglich sogenannte *bateaux de plaisance*. Wusste nicht, dass der Wind französisch spricht. Er wehe häufig vom Atlantik her, wo eben die französischen Parolen zum Himmel stiegen. Soll er doch bitte so höflich sein und die Regenwolken bei ihm auf seiner Reise wegschieben, damit er den Schirm nicht öffnen müsse. Gegen Schirme habe er etwas, antwortete darauf der Wind und wehte fort.

Mann und Hund in weitem Abstand vom Dorf, ein Reisebericht

Was so alles im Gras liegt und lebt, und wir sehen's nicht. Und wenn man mit dem Schnellzug durch die Landschaftsweiten fährt – was da nicht alles auftaucht und vorüberschwirrt und was man alles nicht sieht beim Vorbeifahren! Aber man muss ja nicht alles gesehen haben, soll selektionieren, eine gute Auswahl bitte. Nicht immer so leicht, da man das Neue im voraus nicht kennt oder nur eine Ahnung davon hat. Und was sich im Reiseführer vielleicht als hoher Prunksaal ausweist, ist eher niedrig am Ort der Wirklichkeit, ja vielleicht sogar drückend. Und eben das Wetter mit seinen Launen.

Ich hätte die Reise nicht unternehmen können, wenn ich nicht gewusst hätte, dass Wuzuwau bei den verschiedenen langen Fahrten mir ruhig schlafend zu Füssen liegen würde. Was macht ein Hund, wenn das Leben ihm nichts bietet? Er schläft. Ich wollte wieder einmal ans Meer; aber das Meer bewegt sich mit seinen Fluten sehr weit entfernt von meinem Dorf, ich meine das Gezeiten-Meer. Und auf der weiten Wegstrecke dorthin wollte ich doch dies und das erhaschen, besonders fremde Wälder kennen lernen, aber auch Städte. Ich wusste, dass die Lebensräume, wenn man gegen Norden fährt, sich verändern. In den Waldzonen die schmucken Riegelhäuser in grosser Variation. Selbst Wau war neugierig auf die fremdartigen Strassenzüge. Ob für ihn die Gerüche in seiner Hundenase auch anders waren, kann ich als Mensch nicht eruieren, das bleibt uns verschlossen, ich schreibe glücklicherweise.

Erinnerung nach der Reise an den Wald mit den abertausend dunklen Tannen, alle etwa gleich im Wuchs, auf den Hügelbogen, diese ineinander fliessend.

Erinnerung an das Waldstädtchen, das seine Gassenarme weit in verschiedene Richtungen in die Wälder streckte,

Riegelhaus an Riegelhaus, die Balkenfarbe stets wechselnd. In einer grössern Stadt war sie meist blau, was etwas Besonderes darstellte. Wuzuwau gefiel es; er zog an der Leine und sorgte für meine Gassentüchtigkeit. Vielleicht zog es ihn am Ende in den Wald, und nachts träumte er von der Jagd im Gegensatz zu seinem Meister, der keiner Waldmaus etwas zu Leide tun wollte.

Aber wie angetönt, die Reise führte durch manche Orte mit fremd anmutenden Namen. Ich zog Bummelzüge vor und wollte nicht gleich am Ende meiner Reise mich befinden, obwohl die Züge manchmal die Eigenschaft von Schüttelbechern aufwiesen. So fuhren wie beide von Finkenklopfen nach Herzdiesel, dann nach Hirschenarschen. Eine Bahnstation trug den Namen *Bengel*. Ich musste mich allerdings vom Sitz erheben, um dies zu entdecken, wenn nicht, dann hiessen alle Stationen gleich, nämlich *Ausgang*. Es gab einige Namen, die mir besonders gefielen: Krapunder im Brummtal, Grillenberg, Quakenbruch, Herzhorn, Hinkelhagenarisch, Murringen, Rossthalen, Wolkenhügel – wie poetisch!. In einem Städtchen liefen wir von der Liedergasse zur Sängerstrasse.

Einmal übernachteten wir in Bettenstuben. Dort wollten sie mir wegen dem Hund ein Doppelzimmer andrehen. Die Gaststuben hiessen sinngemäss *Weinfass*, *Wirtschaft zum Kachelofen*, *Ahörnla im Sand*. Ich war erstaunt, wie viele Bäderorte es gibt. Der schönste Flecken mit Badewanne hiess Görpsbad. Die Namen gehören auch zur Lust am Reisen. Leider vernahm ich wenige Geschlechternamen, da ich nicht so gesprächig bin. Bei der allgemeinen Namengebung hätte ich mich nicht gewundert, wenn einer Sauerwasser oder Zuckerstücker geheissen hätte.

Die Häuser waren schöner als die Menschengesichter. Erinnere mich zwar an eine Schönheit im Bummelzug mit langen schwarzen Haaren, einem länglichen Gesicht und ebenso länglichen schmalen Händen. Sie schaute nicht aus dem Fenster wie ich, wenn auch ich in einigen günstigen Momenten zu ihr hinüber scheinwerferte. Den Wald, die Wiesen, die Maisfelder, die kleinen Haufendörfchen um die Zwiebelturmkirchlein kannte sie wohl. Aber offensichtlich kannte sie sich selber noch nicht, denn sie betrachtete sich während beinahe der ganzen längeren Rumpelfahrt in ihrem kleinen Spiegel, drehte ihren Kopf von links nach rechts und von rechts nach links, strich sich über das Pechhaar und zuckte manchmal mit den Lippen ihres schmalen, länglichen Mundes. Ihre Schönheit war eher eine Ausnahme. Sah doch viele Menschen, deren Körperformen eher unangenehm auffielen, sah erstaunlich viele dicke Leute, Männer mit Bierhängebauch, manchmal richtige Kolosse, dass ich Schwierigkeiten mit der Hundeleine bekam, weil mein Wau einen grösseren Bogen um sie vollführen musste. Bei manchen Frauen gedieh dies zum Extrem – weiss nicht warum, so viele Kuchen und Torten werden sie doch wohl nicht verspeisen – mit ihren voluminösen Leibern, mit Bauch und Hänge-Busen. Erinnerten mich an die «Venus von Willensdorf» – oder wie diese hiess – einem Fundstück aus der Steinzeit, am urältesten. Sie füllen den Raum aus: Da bin ich, wenn auch wankend, als wäre das eine Bein kürzer. Fülle und Völle, den Weg versperrend, langsam latschend. Und Wuzuwau äugte fragend zu mir hinauf. Zusätzliche Anstrengung für den Hund, der ja beständig darauf achten muss, wo sein Mensch nun hintrampen will. Übrigens, die Vögel haben oft auch dicke Bäuchlein, aber das sieht niedlich aus. Aber lassen wir das.

Wir waren zwei Touristen. Für solche gibt es eigentlich wenig geeignete Orte. Zuerst wächst mal viel Gras auf der Erdoberfläche, wie früher schon festgestellt. Dann die Waldländereien und dann dazwischen, beinahe als Ausnahme Dörfer und Städte. Für einen Touristen sind die meisten nicht von Belang. Die Begehrten sind wie ein Goldschatz in einem

Heuhaufen, und sie müssen besondere Merkmale aufweisen: Es gehören schöne Häuser dazu mit Gaststätten, Bierkellern, Konditoreien, Teestuben, auch Stadttore, Brunnen, Kanäle, Brücken, Seen und vor allem Kirchen und Klöster. Die Letzteren heute meist in ein Museum umgewandelt. Die alten Reiseführer weisen meist zuerst auf die Museen, was allerdings nichts nützt, wenn man diese nicht besucht, für mich unmöglich mit dem Wau. Und warum sollte ich das *Sackmesser* aus dem Neolithikum im Museum bestaunen? Jetzt habe ich noch die Paläste vergessen mit ihren Prunkfassaden, an denen man oft lange entlang marschiert, wenn man nicht Abstand nimmt, um ihre Pracht geniessen zu können. Zu bemerken, dass auf Reisen in den Flachländern des Nordens meist die Wolken am Himmel die Hauptsache ausmachen, wobei sich diese stets in verschiedenster Gefälligkeit preisgeben und präsentieren, wenn sie sich nicht für die Regenschauer verdichten, für den Sprühregen, für den Dauerregen, für die Tristesse.

Am Rand des grossen Waldreviers besuchte ich eine Führung mit Wau. Man bewegt sich ja draussen mit dem Vortragenden im Gelände, was eben mit Wuzuwau, meinem treuen Gefährten, möglich war. Ich achtete wieder mehr auf die Namengebung als auf das eigentlich Ausgeführte, die Erklärungen. Ja, ohne Schafe und Ziegen würden die Felder verbuschen. Sammelte so einige Mitteilungsfetzen. Da war auch von Erlen- und Eschenwäldern die Rede mit dem schönen Scharbockskraut. – dies bei den Fliessgewässern – vom Giersch, vom roten Schuppenwurz und Feldmannstreu. Hier ein Brotbaum. Bei einem Wegkreuz bemerkte der Feld- und Waldgelehrte, hier sei der *Arme Heinrich* begraben, ein Bettler mit schwerer Jacke, weil er darin viele Goldstücke eingenäht hatte. Dann sprach er auch über die Geologie, die Flachmeere des Devon mit den mächtigen Ablagerungen. Zwei Kontinentalplatten seien hier dazu aufeinander gestossen, mit Namen Larussia und Gondavana. Die hätten den Meeresboden verformt und Vulkane aufbrechen lassen mit mächtigen Schlammlawinenströmen. Das Ergebnis sei das Gestein der Grauwacke, wasserundurchlässig, da mit Sandkörnern abgedichtet. Zum Schluss wanderten wir zum Bärendenkmal, zur Erinnerung des letzten abgeschossenen Bären, achtzehnhundert und so und so viel, vorbei an den *gefallenen Riesen*, mächtigen Baumstämmen auf dem Waldboden im Farnkraut. Sie waren mit sattem Grün bemoost oder lagen als *Totholz* im Gelände herum, Wohnung vieler Käfer, dem Kopfhornschröter, dem gefleckten Halsbock, Zangenbock und Scharrkäfer. Unter uns sehe man die Kirche von Schattendorf mit ihrer berühmten Musikantenstiege, dahinter der Ort Pferdestärke.

Ich prästierte alles sehr gut auf der Reise, war gleichsam *in Form* trotz meines Alters. Man fühlt ja immer mehr seine Körperlichkeit mit ihren Bedingungen. Ja, der Körper versucht, eine Art Diktatur auf einen auszuüben mit seinen ständigen Grundbedürfnissen. Nicht dass man mehr Hunger hätte. Die Genüsse, die der Körper früher bot, reduzieren sich zusehends, und alles ist altgewohnt. Auch deshalb ging ich auf Reisen, und einige Mühen waren wie weggeblasen in der andern Luft. Trotzdem, es gibt Widerstände. Man hält immer mehr Abstand von der Bedeutung von gutem Essen. Die Bistros in den Städten auch abends voll hier. Kultur ist im Alter immer noch ein sicherer Wert. Ich meine damit nicht die Essenskultur, aber eben ohne die Museen wegen Wau.

Kamen auch in eine Stadt mit riesigen Häuserkuben, manchmal mit weiten Flügelgebäulichkeiten. In den Ecken standen auf Sockeln Bronzefiguren mir unbekannter Berühmtheiten, deren Lebenswert mir verschlossen blieb. Wau zog bei ihnen immer stärker an der Leine und wollte weiter, weiter. In unserem Dorf haben wir kein Denkmal und keine Heldenverehrung; aber in dieser Stadt standen sie auf ihren

Sockeln nur so herum und hoben ihre Arme. Der Mensch, das muss ich zugestehen, ist immer mehr, wenn er sich den Mantel der Geschichte und der Vergangenheit umhängt. Das rein Gegenwärtige verschwindet sogleich wie die verspiesenen Salatblätter auf dem Teller. Und da gab es einmal in einer Kirche einen geschnitzten Gottvater mit einem mächtigen wallenden Ringelbart. Der sah beinahe furchterregend aus. Ist wohl richtig für die oberste Gottheit. Fuhr so daher aus der Ewigkeit, zielgerichtet das göttliche Auge, in einem mächtigen Windstoss.

Ich reiste nicht alleine, wollte in den fremden Menschenansammlungen nicht einsam sein, ging also mit meinem lieben Hund. Der Arme war allerdings manchmal irgendwie überfordert, kam oder stiess an seine Hundegrenzen. Hilflos, verunsichert, verständnislos reagierte er auf den grossen Markt mit seinem Menschengetümmel rund um einen Dom mit seiner aufstrebenden bräunlichen Backsteingotik. Die vielen Städte verwirrten ihn. Er schnupperte an gewissen Blumen und daneben. Die Berge von Rüben, Bohnen, Äpfeln, Kartoffeln überstiegen offensichtlich sein Witterungsvermögen, geschweige denn die Marktstände mit den Kräutern und ihrem Düftewirrwarr. Und da stand im Gewimmel noch ein Handorgelspieler, neben ihm ausgestopfte Tiere, ein trommelnder Löwe, Hunde, die mit den Ohren wackelten. Plötzlich war es für ihn zu viel, und Wau verfiel in ein wütendes Gebelle. Bahnte mich mit ihm durch die Menge und stiess, keine dreissig Meter davon entfernt, auf ein Artistenpaar. Da stand also ein athletischer Kleinwüchsiger, hielt einen Stock in der linken flachen Hand und am obern Ende dieses Stockes kauerte in der Luft ein Mädchen, beide orange verkleidet. Wau's nächster Bellanfall, sodass der Stock sogar etwas wankte. Das war ungehörig, an einem Stock in der Luft zu schweben. Dazu die Bettler mit den Hunden am Strassenrand, vor ihnen ihr Münztopf. Neue Verunsicherung von Wau und auch von mir. Ausgestiegene, jedoch in einer für mich bedenklichen Weise. Vielleicht übertrug sich diese Problematik bei mir auf meinen Wau. Später der Clou, die Frau mit dem Hundekarren. Der Terrier stolz im Gefährt, von ihr gezogen. Wau winselte kaum hörbar.

Bei solcher Ansammlung von Irritationen suchte ich ein Restaurant auf. Doch als ich mich an den Tisch setzte, lagerte sich Wuzuwau nicht darunter, sondern tappte zum Nachbarstisch, wo ein Kinderwagen stand. Der war in seiner Konstruktion zweistöckig, mit einer Ablage für Taschen und Windeln unten.

Da zwängte sich der Wau hinein, unter das Baby, vermisste wohl bei mir die kleinen Kinder: eine Demonstration. Die Serviertochter kam mit einer Portion Schnittlauchhaaren, pechschwarz, knallroten Lippen, einem Kopf wie aufgepumpt. Doch sie eilte nur an uns vorbei mit ihrem Servierbrett. «Und für den Wau eine kleine Wurst», sagte ich, als sie nach circa zehn Minuten endlich gnädiglich wieder einmal auftauchte. «Für mich Kuchen und Kaffee». Nach längerer Zeit steht der Kuchen auf meinem Tischchen und nach noch längerer Zeit die Kaffeetasse. Mein Wau wohl völlig nebensächlich, «Soll ich die Wurst in ihrer Küche holen», rufe ich ihr zu, wie sie in der Nähe herankurvt. «Nein, gleich.»

Und sie erreicht uns mit Wurst und sogar einem Becken Wasser. Wau, Wau, wie geht es dir? Ja, die vielen fremden Gerüche, vermutlich eine Überforderung. Findest darin eine gewisse Typologie? – für einen Hund wohl nicht auszumachen. Weiss, dass Gerüche auch bei Menschen eine Rolle spielen, etwa bei Tests bei Heiratsinstituten, die feststellen wollen, ob sich zwei *gut riechen können.*

Am andern Tag eine weitere Überforderung für meinen Wau. Ich habe nie verstanden, wie die Hunde sich als Hund identifizieren und erkennen können bei den so unterschiedlichen Rassen, vom Schosshund bis zur grossen Dogge. Aber das jetzt! Wau wusste nicht mehr, wie sich als Hund benehmen, denn vor ihm stand plötzlich ein Hund von der Rasse der Leonberger, so gross wie ein Kalb, mit einem Fell wie ein Schaf, geschoren, ein schwärzlicher Kopf mit grossen Ohrlappen. Dreht sich und fliegt vor meinem Wau klatsch auf den Boden und streckt seine Löwenpranken aus. Kopf unten wie ein Boot im Wasser. Streckt dann seine rote Zunge heraus, als wär sie ein Empfangsteppich für eine Hundedame. Das schönste an ihm der buschige Schwanz. Wau war mit einem Satz weggesprungen, stand dann bockstill, äugte. Da hob der Riesenhund seine Schnauze, schaute zu Wau, und dieser gestattete sich nun, daran vorsichtig zu riechen in der bekannten Zeremonie. Die kleine Frau mit dem grossen Hund war nun auch gesprächsbereit. Er heisse Merlin, wiege 65 Kilos, sei äusserst gutmütig, mache also niemandem etwas, belle jedoch lauter als die andern Hunde, doch dies selten. Mein Bello und ich staunten. Was da alles herum läuft!

Bei all den Sonderbarkeiten gelangten wir dann endlich an die Küste des Meeres, wo wir noch zusätzlich auf eine Insel übersetzten. Ich hatte auf der Insel nicht mit den vielen Fahrradfahrern gerechnet zwischen den begrünten Dünenhügeln. Beständig musste ich mit Rädern rechnen. Auf der Fahrbahn verwehter Sand. War mit einem Bus in den Osten der Insel gefahren, denn im Westen gab's nur Hotels, Einfamilienhäuser, Andenken, Läden, Eisdielen und einen mächtigen Leuchtturm dazwischen. Ich bin stets auf die Natur abonniert. Glaubte beim ersten Anblick, die Bäume blühten hier, was für die Jahreszeit unbegreiflich war. Jedoch ich sollte es gleich spüren. Es war der Wind, oft heftig wehend, der die Blätter von der untern, etwas silbrigen Seite nach oben kehrte. Bekam den Eindruck, die Pflanzen und Bäume seien hier den beständigen Windstössen ausgesetzt. Der Wind hatte mich ja schon vor der Reise vorgewarnt, und ich hätte mit der Zeit gerne auf ihn verzichtet. Mehrmals blies er mir Sand in die Augen, und ein besonders heftiger Stoss warf meinen Wau beinahe um. Aber im Sand zu waten, das war für ihn etwas Neues, und ich glaube, er fand Gefallen daran. Musste ihm allerdings von Zeit zu Zeit die Zehen reinigen.

Natürlich war ich auf der Westseite mit Wau in einem kleinen Hotel abgestiegen, nicht ohne längere Zeit zu suchen, besonders wegen meinem Hunde. Es lag nicht im Zentrum, etwas gegen die Südseite, wo, – ich staunte – die Siedlung an einen kleinen Wald stiess mit Birken, verschiedenen Laubbäumen. Orange leuchtete der Sanddorn. Es gab Holundersträucher und viele Büsche wilder Rosen. Sah sogar eine Beige gefällter Stämme, aber alle ziemlich dünn.

Wer auf eine Insel reist, interessiert sich weniger für den Wald, mehr für die Leuchttürme. Im 16. Jahrhundert diente noch der Kirchturm in dieser Funktion. Im 18. gab es eine Öllampe oben mit einem Parabolspiegel in einer kuppelförmigen Laterne. Immerhin ein Leuchtfeuer, das elf Kilometer erreichte. Später versetzte man die Kirche; der Turm wurde Brieftaubenstation, und man baute einen richtigen Leuchtturm, natürlich höher, an die sechzig Meter mit einer Reichweite von fünfundvierzig Kilometern. Bereits ein mächtiger Turm aus rotbraunem Klinker. Aber wegen abgelegenen Riffen vor der Insel sowie wegen der Erdkrümmung setzte man noch später ein Feuerschiff ein, heute ersetzt durch elektronisch beleuchtete Grosstonnen.

Beim Studium der Speisekarte fiel mir das Menu mit Namen *Seeräuberteller* auf, doch der war nur für die Kinder, bestand aus einem leeren Teller, die Kinder, sprich Kinner, konnten ja bei Vater und Mutter räubern und die gewünschten Speisen auf ihren Seeräuberteller holen. Und man sprach hier anders: «Salot» für Salat, «Fröhstück», «Nadisch», «Sölligkeiten», «Slikkerkram», «Wien» gleich Wein und «Kribbelwater».

Die Sanddünenlandschaft ist geheimnisvoll, diese Miniaturhügel-Landschaft. Teils verbirgt sie, teils offenbart sie das

Meer. Ihre Fauna überrascht den Wanderer mit Wildkaninchen und Fasanen, die plötzlich vor einen auftauchen. Musste deshalb in diesen Bereichen den Wau an der Leine halten. Und selbstverständlich weideten auf flacheren Wiesenplanen Pferde oder Schafe. Vogelschwärme umkreisten den Himmel.

Und dann standen wir mit einmal auf einer höhern Düne mit dem grossartigen Wolkengemälde, den vielen Wolkenballonen über dem Meer, wie in einem riesigen Halbkugel-Gewölbe. Das Dunkelblau des Wassers überfiel uns mit seinem wandernden Wellenschaum. In den Weiten glaubte man, Land mit weissen Häusern zu sehen, aber ich wusste, es waren lediglich Meereswellen. Eben war Ebbe; vor uns lag ein weiter Sandstrand, in dessen Weiten wir wandernde Menschen entdeckten, wie kleine, meist dunkle Striche. In den Lüften ein paar farbige Windsegler, Drachenflieger, lustig schaukelnd.

Wir verliessen die Dünenreihen mit ihrem besenartigen Grünwuchs und begannen, zwischen Sandhügeln und Meeresbrandung ebenfalls zu wandern. Wuzuwau genoss es, streckte seine Beine im Schnelllauf, stoppte jedoch immer wieder, weil er im Sand ein neues Loch entdeckte, das er doch mit seiner Schnauze untersuchen musste oder er stiess an eine Kindersandburg, die am Verfallen war, bellte freudig und setzte zu neuem Laufe an, bis er, ziemlich ermüdet mit herausgestreckter Zunge neben mir lief. Das war wohl der Höhepunkt unserer Meeresreise. Genug für heute.

★

K ohne Name, Profession, Schicksal, einfach ein
Baumliebhaber, von kleinen und auch von grossen. Nicht
sein Leben, das vermutlich nicht interessant wäre, aber
vieles, was dazwischen liegt, denn wir Menschen sind wie
Sand am Meer mit dem vielen rund um den Erdball.
Wir führen ein Haupt- und ein Nebenleben, so wie es in
einem Theaterstück die tragende Rolle gibt und die
Nebenrollen. In unserem Nebenleben sind wir stets von
einem ausgefransten, dicken Saum umgeben und eingefasst.

Wenn man sich die Frage stellt, wie es denn mit diesem
K enden soll oder würde, damit der Roman irgendwie
abgeschlossen wirkt, dann stellt man sich vorerst einen
alten Mann vor, wie er bei seinem Bonsaiwaldtisch sitzt
und immer mehr, müde vom ganzen Leben, schläft
und schläft. Aber Überraschungen sind immer möglich.
Man findet ihn schliesslich, die Augen zu, am Fusse
einer riesigen Linde oder Tanne – oder, um das Leben
nicht ausgehen zu lassen, heiratet er unerwartet,
noch im hohen Alter, und verreist in sein «Bonsai-Land»
mit ihr. Dass er zu den Holzfällern nach Kanada
auswandert, ist weniger wahrscheinlich. Dass er sich
immer mehr in sein Schneckenhaus verzieht, das
ist die wahrscheinlichste Variante.

«Sokrates im Wald» ist nach «Alptag» (1992) und «Rheinufer» (2014) BoD, Norderstedt ISBN 978-3-7357-5085-3, der dritte Roman von August Guido Holstein.

Im Gegensatz zum Roman «Alptag» mit dem jungen Burschen, der quasi ein Mädchen sucht und dem Roman «Rheinufer» mit den fünf Männern mit den verschiedenen Berufen, Cellist Polizist, Buchhalter, Lehrer und Maler und den Frauen, spielen in «Sokrates im Wald» ein älterer Mann mit Tieren, Kollegen, Reisen und anderen Eigenheiten die Hauptrolle. Immer nachforschend nach der Individualität. Eine andere Einfühlung.

August Guido Holstein 1935 geboren in Zürich. Studium der Geschichte, Deutsch, Französisch und Geographie. Liz. phil. I, pensionierter Bezirkslehrer gymnasiale Unterstufe und Kulturvermittler. Lebt in Fislisbach, im Kanton Aargau der Schweiz. Vizepräsident des Zürcher Schriftsteller-Verbandes. Auch musikalisch und bildnerisch tätig. Veröffentlichung auch verschiedener Erzähl- und Lyrikbände.